KB264991

나는 3개의 카드로
목돈을 만든다

목돈이 모이는 소비체질 개선 프로젝트

나는 3개의 카드로 목돈을 만든다

초판 1쇄 인쇄 2014년 5월 18일
초판 1쇄 발행 2014년 5월 22일

지은이 고경호
펴낸이 김선식

경영총괄 김은영
마케팅총괄 최창규
책임편집 류혜정 **디자인 표지** 박선향 **본문** 이인희 **크로스교정** 한보라
콘텐츠개발1팀장 류혜정 **콘텐츠개발1팀** 한보라, 박지아
마케팅본부 이주화, 윤병선, 이상혁, 박현미, 백미숙, 반여진
경영관리팀 송현주, 권송이, 윤이경, 김민아, 한선미

펴낸곳 다산북스 **출판등록** 2005년 12월 23일 제313-2005-00277호
주소 경기도 파주시 회동길 37-14 3, 4층
전화 02-702-1724(기획편집) 02-6217-1726(마케팅) 02-704-1724(경영관리)
팩스 02-703-2219 **이메일** dasanbooks@dasanbooks.com
홈페이지 www.dasanbooks.com **블로그** blog.naver.com/dasan_books
종이 월드페이퍼(주) **출력 · 제본** 스크린 **후가공** 이지앤비 특허 제10-1081185호

ⓒ 2014, 고경호

ISBN 979-11-306-0280-6 (13320)

• 책값은 뒤표지에 있습니다.

• 파본은 구입하신 서점에서 교환해드립니다.

• 이 책은 저작권법에 의하여 보호를 받는 저작물이므로 무단 전재와 복제를 금합니다.

• 이 도서의 국립중앙도서관 출판시도서목록(CIP)은 서지정보유통지원시스템 홈페이지(http://seoji.nl.go.kr)와
  국가자료공동목록시스템(http://www.nl.go.kr/kolisnet)에서 이용하실 수 있습니다. (CIP제어번호 : CIP2014014950)

다산북스(DASANBOOKS)는 독자 여러분의 책에 관한 아이디어와 원고 투고를 기쁜 마음으로 기다리고 있습니다.
책 출간을 원하는 아이디어가 있으신 분은 이메일 dasanbooks@dasanbooks.com 또는 다산북스 홈페이지 '투고원고'란으로
간단한 개요와 취지, 연락처 등을 보내주세요. 머뭇거리지 말고 문을 두드리세요.

• 목돈이 모이는 소비체질 개선 프로젝트 •

나는 3개의 카드로 목돈을 만든다

고경호 지음

달분

이 책에 쏟은 정성을
나의 아버지께 바칩니다.

단순하면서도 효과적인
소비체질 개선 프로젝트

인간은 누구나 행복을 추구한다. 행복한 삶을 살기 위해 가져야 할 것은 돈, 가족, 친구, 건강, 직업, 여가 등 여러 가지가 있지만, 크게 나누면 '돈'과 '돈 이외의 것' 두 가지뿐이다. 그중 어떤 것이 더 중요한지는 개인의 가치관에 따라 달라질 수 있는 문제이므로, 그것에 대해 갑론을박하는 건 시간 낭비다. 아무리 길게 토론해도 결론이 나지 않을 것이기 때문이다. 하지만 돈이 행복을 결정짓는 매우 중요한 요소라는 사실은 아무도 부정하지 못할 것이다. 우리에게 돈은 행복의 수단인 동시에 장애물이다. 그래서 우리는 돈 때문에 웃기도 하고 울기도 한다.

현대 경제학의 아버지로 불리며 1970년 노벨경제학상을 수상한 폴 새뮤얼슨Paul Anthony Samuelson은 인간의 행복이 소비와 비례하며 욕망과는 반비례한다고 말했다. 나는 돈과 행복의 상관관계를 그보다 더 명쾌하고 쉽게 설명한 사람을 알지 못한다.

폴 새뮤얼슨의 행복공식

행복 = 소비 ÷ 욕망

즉, 행복해지려면 소비를 늘리거나 욕망을 줄여야 한다는 뜻이다. 그런데 소비를 하려면 돈이 필요하기 때문에 폴 새뮤얼슨의 행복공식을 다음과 같이 바꿀 수 있다.

행복 = 돈 ÷ 욕망

사람들은 대체로 욕망을 줄이기보다는 돈을 많이 버는 것에 더 큰 관심을 가진다. 하지만 돈이라는 게 마음대로 쉽게 벌리지 않기 때문에 행복의 크기는 좀처럼 커지지 않는다. 그리고 돈에 집착할수록 오히려 돈 걱정이 더 늘어나는 불쾌한 경험을 하게 된다. 지금보다 돈을 더 많이 벌게 되더라도 그와 비례해서 욕망도 함께 커진다면 행복의 크기는 변함이 없다. 만약 욕망의 증가 속도가 돈의 증가 속도를 추월한다면, 아무리 많은 돈을 벌어도 결코 행복해질 수 없다. 행복은 측정 가능한 물질의 상태가 아닌 주관적인 감정의 상태다. 따라서 행복의 크기는 돈(물질)보다는 욕망(감정)에 의해 더 많은 영향을 받게 된다. 이것이 바로 욕망을 관리하지 못하면 돈을 아무리 많이 벌어도 행복해지기 어려운 이유다.

그렇다고 돈이 중요하지 않다고 말하는 건 아니다. 나는 돈을 빼고 행복에 대해 논하는 것을 의미 없는 일이라고 생각할 만큼 돈을 중요시한다. 그리고 다른 많은 사람들처럼 나 역시 소유한 돈의 양을 늘리기 위해 노력하고 있다. 다만 나는 행복한 인생을 살기 위한 수단으로 돈이 매우 중요하지만, 돈에 집착하기보다는 욕망을 관리하는 것이 행복에 이르는 더 빠른 길이라고 생각한다. 여기서 내가 말하는 '욕망의 관리'란 무조건적인 절약이나 소비 욕구의 억제를 뜻하는 게 아니라 '계획과 절제'를 뜻한다. 욕망을 관리함으로써 자신의 소득 범위 내에서 계획적이고 절제된 소비생활을 할 수 있다. 그리고 그것이 돈을 많이 버는 것보다 훨씬 더 쉽다. 나는 이 책을 통해 당신이 허리띠를 졸라매지 않고서도 계획적이고 절제된 소비생활을 할 수 있도록, 소비체질 개선 방법을 알려줄 것이다.

이 책의 1부에서는 계획적인 소비생활을 하는 데 매우 효과적인 소비체질 개선 시스템 '3개의 카드'를 소개한다. 3개의 카드 시스템은 '단순하면서도 효과적인 소비체질 개선 프로젝트'로 정의할 수 있다. 1장과 2장에서는 3장의 내용을 이해하고 실천하기 위해 알아야 할 사전 지식과 한 번쯤 깊이 고민해볼 필요가 있는 오늘의 소비 문제에 관해 이야기한다. 3장에서는 소비체질 개선의 기술적인 방법을 다룬다. 2부인 4~6장에서는 한 걸음 더 나아가 결혼, 육아, 내 집 마련, 노후 등 평범한 사람들이 소비체질을 변화시켜 삶을 바꾸는 방식을 소개한다. 책을 읽는 동안 1부에서는 오늘 심은 나무 한 그루를 보는 느낌이, 2부에서는 인생의 숲 전체를 보는 느낌이 들 것이다. 이 책을 쓰며 침체 일로에 서 있는 대한민국의 경제 환경에서 평범한 사람들, 특히 20~30대가 행복한 인생을 살아가는 데 작은 힘이나마 보태기 위해 체력이 쇠하도록 노력했다.

경제의 고도성장 과정에서는 떡고물처럼 떨어지는 성장의 열매를 대다수의 사람들이 나눠 가질 수 있었다. 사람들의 소득은 매년 가파르게 증가했고 직장의 정년은 보장됐다. 그래서 한눈팔지 않고 열심히 살기만 하면 큰 걱정 없이 넉넉하게 살아갈 수 있었다. 하지만 그처럼 풍요로운 시대는 1997년 IMF 외환위기 이후 저물기 시작했다. 그리고 2008년 글로벌 금융위기는 그 시대의 끝을 알리는 신호탄이었다. 이제부터 우리 모두가 본격적으로 경험하게 될 경제의 저성장 시대에는 성장의 열매가 대다수의 사람들이 나눠 가질 수 있을 만큼 충분하지 않을 것이기 때문에 돈을 벌기가 점점 더 어려워질 것이다.

그래서 나는 현재 우리가 행복한 인생을 살기 위해 지금보다 많은 돈을 벌려 노력할 것인지 아니면 욕망을 관리할 것인지 선택해야 하는 중요한 기로에 서 있다고 생각한다. 둘 중 하나를 포기해야 한다는 뜻이 아니다. 둘 중 어떤 것에 우선순위를 둘 것인지 결정할 필요가 있다는 뜻이다. 그런데 지금보다 돈을 더 많이 버는 것은 내 맘대로 통제가 되지 않는다. 반면에 욕망은 내가 마음먹기에 따라 통제가 가능하다. 따라서 우선 욕망을 관리하기 위해 노력해야 한다. 3개의 카드 시스템으로 소비체질을 개선한다면 계획적이고 절제된 소비생활을 할 수 있게 되고, 점차 모이는 돈이 많아질 것이다. 그것이 내가 이 책을 통해 당신에게 전달해주려고 하는 것이다. 많은 독자들이 나의 책을 징검다리 삼아 행복을 향해 한 걸음 더 다가설 수 있기를 간절히 바란다.

신용카드를 없애버리세요.
그리고 지불 능력이 없으면 사지 마세요.

– 세계 최고의 갑부 '워렌 버핏'의 강연 중에서

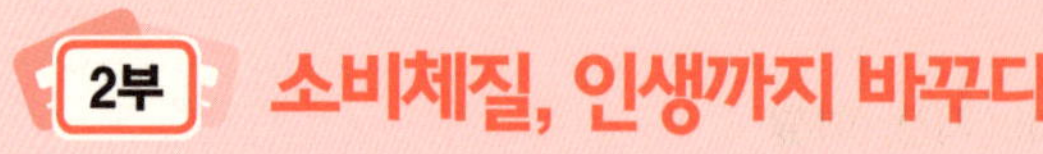

1부
소비체질 개선 프로젝트
'3개의 카드'

매월 월급이 통장을 스쳐지나가는 것을 보며, 돈을 벌어도 번 것 같지 않은 기분을 느끼곤 하는가? 목돈을 만들겠다며 적금 통장을 만들어보지만 항상 만기를 채우지 못하고 해약하는가? '도대체 왜 나는 목돈을 모으지 못하는 걸까?'라는 질문에 '월급이 적기 때문이야'라며 스스로 위로하고 있는가?

돈은 상황에 따라 당신을 구속하기도 하며 당신에게 자유를 허락하기도 한다. 통장의 잔액이 바닥난 상태라면 돈은 당신을 구속하고 괴롭힐 것이다. 돈 때문에 먹고 싶은 것을 포기해야 하고, 갖고 싶은 것을 포기해야 하며, 하고 싶은 일을 포기하거나 하기 싫은 일을 억지로 해야 할 수도 있다.

반면에 통장의 잔액이 넉넉하다면 돈은 당신에게 그 잔액만큼의 자유를 허락한다. 먹고 싶은 것을 언제든 먹을 수 있고, 갖고 싶은 것을 언제든 가질 수 있으며, 하고 싶은 일을 언제든 할 수 있고 하기 싫은 일을 억지로 하지 않아도 된다. 이처럼 '목돈을 모으는 것'은 곧 '자유를 모으는 것'이다. 소비체질을 바꿈으로써 그 전에 비해 저축액이 늘어난다면 그에 비례해서 당신이 누릴 수 있는 자유 또한 늘어나게 된다. 당신의 소비체질, 어떻게 바꿀지 이제부터 살펴보자.

1장

월급은
스쳐 지나가는 것?

가난하지 않지만
빈곤하게 사는 우리들

가난하지 않지만 빈곤하게 사는 사람들, 그들을 우리는 '푸어Poor'
라고 부른다. 본래 푸어는 가난한 빈곤층을 의미하지만 최근에는
중산층 정도의 소득이 있어도 부채와 고정적인 지출이 많아서 삶
의 질은 빈곤층이나 다름없는 사람들을 부르는 단어가 됐다. 푸어
가 '빈곤층처럼 사는 보통사람'을 뜻하게 된 것이다. 그들에게는 직
장이 있고, 자동차가 있고, 집(자가든 전세든)도 있지만 스스로 빈곤
하다고 느끼기 때문에 돈 걱정이 많고 늘 불안하다. 허니문푸어, 베
이비푸어, 렌트푸어, 하우스푸어, 에듀푸어, 실버푸어 등 푸어의 종
류는 다양하며 결혼, 출산, 육아, 내 집 마련, 자녀교육, 노후 등 대
체로 생애주기에 따라 단계적으로 형성된다. 그렇기 때문에 한 번

푸어의 덫에 걸려든 뒤 제때에 발을 빼지 못하면 시간이 지남에 따라 자연히 그다음 단계의 푸어 계층으로 이동할 수밖에 없다. 이런 문제 때문에 자신도 언젠가 푸어가 될까 걱정하며 삶의 소중한 것을 미리 포기하는 사람들까지 생겨나고 있다. 연애, 결혼, 출산을 포기해 삼포세대라고 불리는 20~30대 미혼 남녀가 대표적인 예다.

이처럼 우리 사회에 빠른 속도로 뿌리내리고 있는 푸어 현상의 원인은 무엇일까? 우선 장기간 지속되고 있는 경기침체와 그에 따른 높은 실업률, 실질임금의 감소, 저임금의 비정규직 근로자를 대량으로 양산해 빈부격차를 심화시키고 있는 고용구조 등 사회 공동의 문제가 1차적인 원인이다. 다음은 그 이유가 무엇이든, 소득에 비해 지출이 과다해 재무상태가 엉망이 돼버린 개인의 문제가 2차적인 원인이다. 다시 말해 나라 탓, 내 탓 두 가지뿐이다. 그런데 그중 누구의 탓이 더 클까? 나는 최근에 경제학자이자 관료 출신인 노老교수와 대화를 나눌 기회가 있었는데 그는 내게 이렇게 말했다.

"요즘 젊은 사람들은 돈 벌어서 쓸 것 다 쓰고, 할 것 다 하고 살면서 밤낮 살기 어렵다고 나라 탓만 합니다."

나는 그의 생각에 공감하지 못했다. 왜냐하면 최근의 경제문제는 나라 탓, 정확히 말하면 정치인과 고위관료 등 우리 사회를 이끌고 있는 리더들의 탓이 더 크다고 생각하기 때문이다. 투표해서 뽑아주고 세금 내서 먹여 살려주면 알아서 좀 잘해야 할 것 아닌가?

하루하루 먹고 살기에 급급한 백성들이 무슨 죄인가? 하지만 나는 '쓸 것 다 쓰고, 할 것 다 하고 살면서 나라 탓만 한다'는 그의 주장을 부정할 수도 없었다. 왜냐하면 우리의 소비생활에 있어서는 그것이 아주 틀린 말은 아니라고 생각했기 때문이다.

무엇이 우리를 가난하게 만드는가?

은행원　손님, 무슨 일로 오셨죠?

나　　신용카드 만들러 왔는데요.

은행원　회사 어디 다니세요?

나　　㈜○○에 다니는데요.

은행원　처음 들어보는 회사인데 상장기업인가요?

나　　네? 상장이 뭐예요?

은행원　(무시하는 말투로) 모르시면 됐고요, 연봉은 얼마나 받으세요?

나　　○○만 원 정도 받는데요.

은행원　근로소득 원천징수 영수증 가져오셨어요?

나　　네? 근로…… 무슨…… 영수증이요? 그게 뭐예요?

은행원　(짜증나는 말투로) 연봉 ○○만 원 받으신다면서요? 회사에서 연봉 증명하는 서류 떼어 오셨냐고요?

나　　　제가 신입사원이라 아직 모르는 게 많아서…….

은행원　그러면 급여명세서라도 가져오셔야 돼요. 일단 카드발급 신청서
　　　　작성해주시고 나중에 급여명세서는 팩스로 보내주세요.

나　　　네, 알겠습니다.

은행원　(또 무시하는 말투로) 저희 은행에 거래 실적도 없고 알 만한 회
　　　　사에 다니시는 것도 아니기 때문에 신용카드 발급이 거절될 수
　　　　있으니까 그렇게 알고 돌아가세요.

나　　　(슬슬 화나는 것을 꾹 참으며) 네, 알겠습니다. 잘 부탁드립니다.

　신입사원 시절 내가 처음 신용카드를 발급받기 위해 은행에 들렀을 때 은행원과 나눴던 대화 내용이다. 한강에서 뺨이라도 맞고 왔는지 시종일관 나를 무시하듯 쌀쌀맞게 대하는 은행원의 태도에 화가 나서 몇 마디 쏘아붙이고 싶었지만 신용카드 발급이 거절될까 봐 꾹 참고 은행 문을 나섰다. 당시 제조업 회사에서 근무했던 나는 금융에 관해 무지해서, 은행원이 마음대로 신용카드 발급심사를 하는 줄 알았다.

　얼마 뒤 신용카드가 발급됐을 때 카드 뒷면에 두꺼운 펜으로 멋지게 서명을 하고서는 나도 이제 진정한 직장인이 됐다는 생각이 들어 기분이 무척 좋았다. 그래서 신용카드 발급을 기념해 친구들을 불러 모아 거하게 술을 샀다. 그리고 그날 이후부터 월급날이 되면

월급의 절반 이상을, 때로는 전부를 가장 먼저 신용카드 회사에 상납하면서 살아야 했다. 그것은 마치 매월 보름 이상, 1년 중 6개월 이상을 신용카드 회사에 진 빚을 갚기 위해 땀 흘려 노동하는 것과 다름이 없었다. 매월 한 번씩 빚잔치를 하면서 말이다. 월급은 통장을 스쳐 지나갈 뿐이었다. 하지만 당시 나는 신용카드가 빚이라는 생각을 하지 못하고 지냈다. 그래서 뒷일을 생각하지 않고 돈을 써댔다. 무계획적인 소비의 심각성을 깨달은 것은 결혼할 때가 되어서였다. 대학을 졸업하고 3년 넘게 직장생활을 했지만 막상 결혼을 하려고 보니, 나의 전 재산은 할부금 상환도 아직 끝나지 않은 자동차 한 대와 자취방 월세보증금 200만 원이 전부였다.

신용카드의 개념은 미국의 작가 에드워드 벨러미Edward Bellamy가 1888년에 발표한 미래소설 『뒤를 돌아보면서Looking Backward』에 처음 등장했다. 그는 소설에서 돈이 필요 없는 100년 뒤(2000년)의 미래사회를 이렇게 묘사했다.

화폐단위(달러)는 상품의 가격을 표시하는 대수적인 기호로만 사용될 뿐이다. 한 해가 시작될 때마다 모든 시민에게 국가의 연간 생산물 중 자신의 몫에 해당하는 신용credit이 할당되며 무엇이든 원하는 것을 언제든지 구할 수 있는 신용카드credit card가 발급된다.

이렇듯 소설이나 영화에 등장하는 것들이 시간이 지나면서 현실화되는 것을 보면 놀라울 따름이다. 현실에서 신용카드가 처음 등장한 것은 1950년이다. 최초의 신용카드를 만든 사람은 미국의 사업가 프랭크 맥나마라Frank McNamara인데, 그는 지갑을 호텔 방에 두고 나온 사실을 모른 채 식당에서 저녁식사를 마친 뒤 계산을 하려다가 돈이 없어서 망신을 당했다. 이후 그는 다른 사람들도 그런 일을 한 번쯤 경험한 적이 있다는 사실을 알고 나서 돈이 없어도 식당에서 밥을 사먹을 수 있는 방법을 궁리하다가 만든 게 다이너스클럽카드Diners Club Card였다. 당시 카드회원은 모두 그의 친구들이었으며 카드를 사용할 수 있는 식당(카드가맹점)은 14곳이었다고 한다.

이처럼 세계 최초의 신용카드는 우습게도 외상으로 밥을 사먹기 위해 만들어진 것이었다. 그리고 신용카드는 오늘날 모든 상품을 외상으로 구매할 수 있는 결제수단이 됐다. 따라서 '신용'이라는 고상한 말로 포장된 신용카드의 가장 적절한 이름은 '외상카드'다. 하지만 현대의 사람들은 무의식적으로 신용카드를 '외상' 거래의 수단이 아닌 현금을 대신하는 '화폐'라고 착각하며 살고 있다. 그리고 매월 상당한 시간을, 때로는 한 달 내내 신용카드 회사에 진 빚을 갚기 위해 힘들게 노동을 하면서도 그것을 깨닫지 못하고 있다. 나는 그것이 최근 우리 사회에 확산되고 있는 모든 푸어 현상의 출발점이자 뿌리라고 생각한다. 즉, 외상을 외상으로 인식하지 못하고 빚을 빚으로 인식하지 못하며 살기 때문에 자신의 경제력에 차고 넘치는 소비와 과도한 부채에 대해 무감각해지고, 그 결과 가난하지 않지만 빈곤한 삶을 살게 되거나 정말 빈곤층으로 전락하는 것이다.

외상이면 소도 잡아먹는다

IMF 외환위기 이후 정부는 침체된 내수경기를 부양하고 현금매출이 잘 드러나지 않는 자영업자로부터 세수를 증대하기 위해 신용카드 활성화 정책을 적극적으로 추진했다. 신용카드 현금서비스 한도 폐지를 시작으로 신용카드 소득공제 제도 도입, 신용카드 영수증 복권 제도 실시, 신용카드사의 길거리 회원모집 허용 등 정부가 직접 팔을 걷어붙이고 나서서 국민들에게 마음껏 외상으로 먹고 마시고 쓰라며 선동했던 셈이다. 당시 신용카드사의 모집인들은 길거리에서 아무나 붙잡고 소득이 없는 실업자나 대학생에게까지 신용카드를 남발했고, 심지어 신용카드 신청서를 작성하기만 해도 즉석에서 현금을 경품으로 지급하기까지 했다. 그 결과 온 나라에 신용불량자(금융채무불이행자)가 넘쳐났고, 그로 인해 여러 카드사들이 도미노처럼 쓰러지면서 우리나라 경제 전체가 뒤흔들렸다. 그런 국가적인 위기를 초래한 것은 도대체 누구의 탓일까?

옛말에 "외상이면 소도 잡아먹는다"라고 했다. 고지식한 사람들은 그것이 외상이라면 사족을 못 쓰는 우리 국민의 정서나 민족성을 상징하는 것이라고 말하지만 나는 전혀 그렇게 생각하지 않는다. 나는 그것이 우리 민족의 어리석음이나 열등함을 표현한 말이 아니라 외상이면 뒷일을 생각하지 않고 분수에 맞지 않게 과소비를 하게 되는 인간의 심리를 설명한 것이라고 생각한다. 외상이 불가능하다면 그 누구도 자신이 가진 현금 이상을 소비할 수 없다. 뭔가를 사고 싶을 때 외상이 쉽다면 일단 사고 보려는 게 사람의 심리다. 따라서 외상 문제가 국가적인 위기를 초래할 만큼 심각한 상황이라면, 이는 당장 돈이 없어도 소를 잡아먹는 게 가능하도록 만든 금융정책과 금융 시스템이 1차적인 원인인 것이다. 사람들이 외상을 외상으로 인식하지 못하고 빚을 빚으로 인식하지 못하게 만드는 금융환경에 우선 책임이 있다는 뜻이다. 그다음 외상이 쉽게 된다는 이유로 절제하지 못하고 계획적으로 소비하지 못한 사람들에게 책임을 물어야 한다. 신용카드 소비자에게만 책임을 묻는 건 국가가 도심에 화려한 도박장을 지어놓고 도박장에 가는 사람들을 범죄자 취급하는 것과 똑같다.

내가 아주 어렸을 때 아버지가 월급을 노란색 봉투에 담아오던 시절에는 동네의 구멍가게마다 외상장부가 있었다. 동네사람들이 오가며 가게에 들렀다가 현금이 없으면 외상으로 물건을 가져가는 일이 흔했기 때문이다. 서로 다 알고 지내는 사이니 가게주인은 인정상 외상으로 물건을 내줄 수 있었을 것이다. 하지만 그렇더라도 가게주인은 외상값을 제때에 갚지 않으면 다시 외상으로 물건을 내주지 않았다. 가게주인이 허락하지 않는데 외상으로 물건을 가져갈 수 있는 방법은 없었다. 그런데 신용카드 거래는 분명히 외상임에도 불구하고 카드사가 먼저 외상값을 대신 갚아주기 때문에 가게주인에게 아쉬운 소리를 하거나 그의 눈치를 볼 필요가 없다. 심지어 난생 처음 만난 가게주인에게도 당당하게 이렇게 말할 수 있다.

"나 외상으로 물건 가져갈 테니까 돈은 카드사에서 받으세요."

문제는 많은 사람들이 물건 값을 신용카드로 지불할 때 그것을 외상으로 인식하지 못하기 때문에 자신도 모르게 스스로의 경제력을 뛰어넘는 소비를 하게 된다는 것이다. 그리고 나중에 신용카드 대금 청구서를 받아보고 나서야 비로소 무엇인가 잘못됐다는 사실을 깨닫게 된다.

2013년 4월 5일 PBC(평화방송)뉴스에 따르면 독일인들은 신용카드를 거의 사용하지 않는다고 한다. 2011년을 기준으로 독일의 결제시장에서 신용카드가 차지하는 비중은 7%에 불과하며 체크카드 30%, 현금 53%, 기타 결제수단이 10%다. 다시 말해, 독일인들은 100만 원어치 물건을 사면서 53만 원은 현금으로 지불하고 30

만 원은 통장의 잔액 한도 내에서만 결제가 가능한 체크카드로 지불한다. 7만 원은 신용카드로 지불하고 기타 다른 결제수단으로 나머지 10만 원을 지불한다. 체크카드는 사실상 현금과 마찬가지이기 때문에 독일인들은 물건 값의 대부분을 현금으로 지불한다고 볼 수 있다. 1000원짜리 물건 한 개를 사도 외상으로(신용카드) 결제하는 우리나라 사람들과는 대조적이다.

이처럼 독일인들이 체크카드와 현금을 선호하는 이유는, 신용카드를 사용하다 보면 자신도 모르게 과소비를 하게 되고 사용금액이 한 달 뒤에나 청구되므로 평소에 얼마를 사용했는지 파악하기가 어렵기 때문이라고 한다. 특히 그들은 '신용카드'가 외상, 즉 '빚'이라는 인식을 분명히 갖고 있다. 아마 우리나라를 방문한 독일인이라면 다음 달 카드 값이 얼마나 나올지 걱정하는 수많은 사람들을 신기한 눈으로 바라보지 않을까? 최근 심각한 유럽의 재정위기로 인해 그리스, 스페인 등 여러 국가가 파산 직전에 있지만 독일이 큰 영향을 받지 않는 이유가 이처럼 빚지는 것을 싫어하는 독일인들의 합리적인 소비 태도 때문이라고 많은 전문가들은 이야기한다.

그런데 독일인들이 그렇게 외상을 싫어하고 체크카드와 현금을 선호하는 이유가 무엇일까? 고지식한 사람들은 근검절약이 몸에 밴 독일인과 과소비를 일삼는 우리나라 사람들의 국민성이 다르기 때문에 본받아야 한다고 말하지만 나는 그런 주장에 전혀 공감하지 못한다. 그것은 국민성의 차이가 아니라 금융 시스템의 차이에서 비롯된 것이기 때문이다. 독일에서는 신용카드 발급심사가 무척까다롭기 때문에 신용카드를 발급받고 싶어도 쉽지 않다고 한다. 독일에서 신용카드를 발급할 때 직업 여부, 가계 전체의 소득, 신용등급 등을 종합적으로 평가하기 때문에 신용카드 신청자 10명 중 3명 정도만이 엄격한 심사를 통과한다. 즉, 독일에서는 외상거래 자체가 매우 어렵다는 뜻이다. 이는 신용카드에만 국한되지 않는다. 일례로 독일인들은 집을 살 때 주택담보대출을 받는 경우가 매우 적은데 은행의 대출심사 역시 무척 까다롭다고 한다.

그것은 무슨 의미일까? 만약 독일도 우리나라처럼 신용카드 사용 한도를 폐지하고, 신용카드 소득공제를 해주고, 신용카드 영수증 복권 제도를 실시하고, 길거리에서 신용심사도 제대로 하지 않은 채 마구잡이로 신용카드를 남발하는 행위를 허용한다면 과연 독일 사람들이 지금처럼 신용카드를 외면하고 체크카드와 현금 사용만 고집할까? 아무리 생각해봐도 전혀 그럴 것 같지가 않다. 외상이면 소라도 잡아먹으려고 하는 게 인간의 타고난 심리다. 독일인이라고 예외가 될 수 없다. 독일처럼 우리나라도 신용카드 발급심사와 은행 대출심사를 무척 까다롭게 하는 등 처음부터 외상거래를 제도적으로 어렵게 만들었다면 우리도 현재 신용카드 대신체크카드와 현금을 주된 결제수단으로 사용하고 있을 게 분명하다.

그리고 2003년의 신용카드대란이나 최근 자주 거론되는 하우스푸어를 비롯한 심각한 가계부채 문제 역시 생기지 않았을 것이다. 결국 국내의 금융정책과 금융 시스템의 책임이 가장 크다는 것이다. 하지만 문제는 개인이 나서서 그것을 바꿀 수 있는 방법이 사실상 없다는 점이다. 따라서 당신과 나, 우리가 이러한 외부적인 환경에 의해 휘둘리지 않으면서 현명한 소비생활을 해나가려면 개인이 할 수 있는 방법을 찾아야 한다. 그것은 바로 우리 스스로 외상거래가 어려운 금융 시스템을 만드는 것이다. 그리고 그 방법은 무척 쉽다. 지갑 속의 신용카드를 꺼내 단칼에 잘라버리면 된다.

월급고개를 넘기 힘든 이유

취업정보 회사 사람인에서 최근 직장인 5500명을 대상으로 설문 조사를 한 결과, 61%가 월급을 한 달 이내에 소진하고 있으며 그들이 월급을 소진하는 데 걸리는 기간은 평균 16일 정도라고 한다. 그러니까 설문에 응한 직장인 10명 중 6명은 이른바 '월급고개'를 겪고 있으며, 월급을 평균적으로 보름 만에 전부 쓰는 것이다. 월급고개란 지난달에 받은 월급을 이번 달 월급날이 되기도 전에 전부 써버려 경제적으로 어려운 기간을 뜻하는 말로, 대한민국 대다수의 인구가 절대빈곤에 시달렸던 1960년대 이전의 '보릿고개'를 빗댄 것이다. 보릿고개란 절대다수의 인구가 농업에 종사했던 시대에 지난해 수확한 곡식이 이미 바닥났지만 올해 농사지은 보리는 아직 수확하지 못해 식량 사정이 매우 안 좋았던 시기를 뜻한다. "보 릿고개가 태산보다 높다"는 말이 있을 만큼 그 고개를 넘기가 매우 힘들었다고 한다. 그런데 숨 가쁘게 월급고개를 넘어야 하는 현대 직장인의 처지는 과거 보릿고개를 넘어야 했던 농민의 처지와 크 게 다를 바가 없다.

　장현주 씨도 월급고개를 겪던 직장인이었다. 월급을 보름 만에 전부 써버릴 만큼 심각한 상황은 아니었지만 그녀는 종종 월급고 개를 겪었으며, 보험설계사인 지인의 권유로 의료비를 보장하는 몇 가지 보험 상품에 가입한 것 외에 저축은 한 푼도 못하고 있었다. 게다가 마이너스통장의 대출 잔액이 그녀의 월급보다 많은 상태였 다. 처음 나를 찾아왔을 때 현주 씨의 가장 큰 관심사는 보험을 해 약하는 게 나을지 유지하는 게 나을지 판단하는 문제였다. 그녀는 보험료가 부담되니 차라리 그 돈으로 저축을 하는 게 좋을 것 같다 고 생각했다. 하지만 내가 판단하기에 현주 씨가 가입한 보험의 보 장 내용은 괜찮았고 보험료도 그녀의 소득에 비해 무리한 수준이 아니었다. 또한 그녀는 부모님과 함께 살고 있었으며 부모님을 경제 적으로 부양해야 하는 상황도 아니었다. 그 외에 학자금 대출이나 자동차도 없었기 때문에 그녀의 저축을 방해하는 특별한 문제가 없 어 보였다. 그래서 나는 보험에 관한 이야기를 잠시 뒤로 미룬 채 현 주 씨가 보험을 해약하려는 진짜 이유를 알아내기 위해 여러 가지 질문을 했다. 그 결과 몇 가지 중요한 사실을 확인할 수 있었다.

우선 현주 씨의 진짜 관심사는 보험 해약이 아니라 '저축' 그 자체였다. 당시 그녀는 3년 차 직장인이었는데 얼마 전 입사 동기들과의 회식자리에서 재테크가 화두가 된 적이 있었다. 그런데 자신처럼 저축을 한 푼도 하지 않는 친구는 아무도 없었고 월급의 절반 이상을 저축하는 친구도 여럿 있었다. 그래서 자신이 참 한심하게 느껴져 이제부터라도 저축을 해야겠다는 생각이 들었는데, 그때 가장 먼저 눈에 띈 것이 보험이었다. 그녀는 평소에 아무 혜택도 받지 못하고 매달 꼬박꼬박 돈만 내야 하는 보험을 해약해서라도 빨리 저축을 시작해야겠다는 생각이 들었다고 한다.

현주 씨에게서 확인한 또 다른 사실은 신용카드와 백화점카드 결제금액이 그녀의 월급 중 70% 이상이라는 점이었다. 그녀는 친구들과 함께 영화, 연극, 뮤지컬 등을 즐겨 보았으며 여느 20대 여성들처럼 자신의 외모를 가꾸는 데 관심이 많았다. 그런데 물건을 사든 안 사든 매달 서너 번씩 백화점에 들렀고, 여성전용 인터넷 쇼핑몰에서도 물건을 자주 구입했다. 그녀는 세일하는 상품을 위주로 꼭 필요한 물건만 구입한다고 이야기했다. 나는 현주 씨에게 백화점에 가기 전에 구입할 물건을 미리 결정한 뒤 그 물건만 사고 돌아오는지 아니면 여러 매장을 둘러보면서 필요한 물건이 있나 찾아보는지 물었는데, 그녀는 그럴 때도 있고 안 그럴 때도 있다며 명

확하게 대답하지 못했다.

현주 씨는 또한 친구나 직장 동료와 식사를 하거나 차를 마신 후 더치페이를 할 때 본인이 현금을 걷은 뒤 자신의 신용카드로 결제하는 습관이 있었다. 직장생활을 시작하고 처음부터 그런 건 아니었는데 월급날이 돌아오기 전에 돈이 바닥나는 때가 있다 보니까 현금이 부족해서 몇 번 그렇게 했는데, 그것이 결국 습관이 된 것이다. 그리고 그렇게 여러 사람에게서 걷은 현금을 가지고 다니면서 전부 써버렸다. 자신도 모르게 일종의 '카드깡'을 하는 습관을 갖게 된 것인데, 그것이 신용카드 대금 결제 때 그녀의 부담을 가중시켰다. 나는 그녀에게 지금 보험을 해약해도 몇 달 지나지 않아서 보험에 납입하던 돈마저 전부 써버리게 될 것 같으니 차라리 계속 유지하는 게 좋을 것이라고 말했다. 그리고 소비체질을 개선하지 않고서는 앞으로도 저축을 하기가 어려울 것이라고 말한 뒤, 몇 가지 실행 계획을 제안했는데 그 내용은 대략 다음과 같다.

① 신용카드와 백화점카드 잘라버리기
② 마이너스통장에서 돈을 인출(대출)해서 이미 사용한 신용카드와 백화점카드 대금을 전부 갚은 뒤 카드 해지하기
③ 월 생활비 예산을 정하고 체크카드와 현금만 사용하기
④ 친구나 직장 동료와 식사한 뒤 본인이 현금 걷지 않기, 부득이 현금

을 걷게 되는 경우 신용카드를 사용하지 말고 모은 현금으로 바로
지불하기
⑤ 월급을 받은 후에 쓰고 남는 돈이 생기거나 상여금 등을 받게 되면
전부 마이너스통장에 입금해서 대출 잔액 줄이기
⑥ 마이너스통장의 대출 잔액이 0원이 될 때까지 백화점에 가지 않기
(아이쇼핑도 하지 않기), 그리고 꼭 필요한 물건이 있는 경우에만 인
터넷 쇼핑몰에 접속하기
⑦ 마이너스통장의 대출 잔액이 0원이 된 뒤 마이너스통장 해지하기

현주 씨에게 마이너스통장을 해지한 후에 다시 찾아오면 저축
계획을 세우고 실행하는 것을 도와줄 수 있지만 그 전까지는 내가
도와줄 수 있는 게 아무것도 없다고 말했다. 결과는 어떻게 됐을
까? 그녀는 7~8개월쯤 뒤에 나를 다시 찾아왔다. 다시 온 현주 씨
는 월 평균 급여의 30% 이상을 저축하도록 체질이 바뀌어 있었다.
결국 월급고개의 굴레에서 완전히 벗어난 것이다.

사실 현주 씨는 내가 제안한 계획을 곧바로 실행하지는 않았다
고 한다. 신용카드와 백화점카드를 해지하려니까 그동안 쌓은 포인
트와 할인 혜택, 무이자 할부 혜택 등을 포기하는 게 바보 같은 짓
이라는 생각이 들었다는 것이다. 그리고 수중에 모아둔 돈이 없다
보니 신용카드 없이 지내는 게 불안하기도 했다. 게다가 '당신이 뭔

데 백화점에 가라 마라 간섭이냐'는 생각이 들었을 만큼 내심 나에 대해 불쾌한 감정을 느꼈다. 하지만 얼마 후 다시 월급고개를 겪으면서 마이너스통장의 대출 잔액이 확 늘어나자 정신이 바짝 들었다. 그래서 신용카드와 백화점카드를 잘라버리고 내 제안들을 실행에 옮긴 것이다. 그렇다고 그동안 백화점에 전혀 가지 않은 것은 아니었다. 단골이던 인터넷 쇼핑몰도 자주 접속했다. 하지만 물건을 구입하고 싶어도 신용카드가 없으니 자연히 통장의 현금 잔액과 마이너스통장의 대출 잔액에 대해 신경을 안 쓸 수가 없었고, 그래서 구입을 자제하는 경우가 많았다.

현주 씨는 그동안 자신이 백화점과 쇼핑몰에서 꼭 필요한 물건만 구입한다고 생각했는데 그게 아니라 갖고 싶은 물건이 눈에 띄면 구입했던 경우가 더 많았던 것 같다고 털어놓았다. 다시 말해 그동안 물건이 꼭 필요해서 구입한 경우보다 맘에 드는 물건이 눈에 띄면 소유 욕구를 충족시키기 위해 구입한 경우가 더 많았다는 뜻이다. 그 외에도 현주 씨는 돈을 쓰기 전에 한두 번 더 생각해보는 습관이 들었고, 특히 카드깡을 하던 습관은 완전히 없앴다. 그렇다고 현주 씨의 삶의 질이 떨어진 건 아니었다. 일례로 그녀는 친구들을 만나는 횟수나 거의 매 주말마다 즐기던 영화, 연극 등의 관람 횟수는 줄이지 않았다. 과거에는 재무적인 불안함 때문에 다소 불편한 마음을 갖고 즐겼던 문화생활을 이제는 마음 편히 즐길 수 있으니 삶의 질은 오히려 높아졌다.

앞의 취업정보 회사가 발표한 설문조사에서 월급고개를 겪는 이유로 ‘물가가 올라서’라는 답변이 가장 많았고 그다음 ‘월급이 적어서’라는 답변이 두 번째로 많았다고 한다. 그런데 물가 인상은 나만 경험하는 게 아니라 모든 사람들이 경험한다. 그럼에도 불구하고 소득, 직업, 가족 수, 거주지 등 비슷한 여건 속에서 살아가는 사람들 중에서 어떤 사람은 월급고개를 겪는 반면에 어떤 사람은 겪지 않는다. 뿐만 아니라 매월 100만 원을 벌어도 월급고개를 겪지 않는 사람이 있는 반면에 1000만 원이나 벌면서도 월급고개를 겪는 사람이 있다. 물가와 소득이 우리의 삶에 지대한 영향을 미치는 것은 분명한 사실이지만 그것이 전부는 아니라는 뜻이다. 따라서 현재 월급고개를 겪고 있거나 매달 급여일과 신용카드 결제일 사이에서 외줄타기를 하듯이 위태롭게 지내는 사람은 물가나 월급을 탓하기 전에 자신의 소비체질을 먼저 확인해봐야 할 것이다.

소비의 여과필터를 설치하라

정확히 통계를 내본 적은 없지만 그동안 내가 신용카드를 잘라버리라고 제안했을 때 실제로 실행에 옮긴 사람은 10명 중 4~5명 정도다. 재무적인 안정을 향한 목표가 분명하거나 이미 재무적으로 궁지에 몰린 사람들이 주로 실행에 옮겼다. 하지만 그 외의 사람들은 내 앞에서 고개를 끄덕이기만 할 뿐 정작 실행에 옮기지는 않았다. 그런 경우 나는 더 이상 그들의 사생활에 간섭하지 않는다. 나름의 사정이 있다고 생각할 뿐이다.

사실 나는 신용카드를 사용하면서도 계획적으로 돈을 쓰고 관리하는 사람들을 간혹 만나보았다. 그들의 공통점은 가계부를 쓴다는 것이다. 단순히 지출 내역을 기록만 하는 게 아니라 매월 또는 주간 단위로 예산을 세우고 결산을 해서 예산과 실제 지출 사이의 수치를 점검한다. 따라서 새거나 불필요하게 낭비되는 돈이 적다. 그런 사람에게는 굳이 신용카드를 잘라버리라고 제안하지 않는다. 당연히 그럴 필요가 없기 때문이다. 하지만 그런 사람은 10명 중 1명도 채 되지 않는다. 그만큼 신용카드를 사용하면서 계획적으로 돈을 쓰고 관리하는 게 어렵다는 뜻이다.

매일 신용카드를 사용하면 소비하는 시점과 외상값을 갚아야 하는 시점 사이에 한 달 이상 차이가 생기기 때문에 소비 금액에 대한 감각이 무뎌질 수밖에 없다. 뿐만 아니라 당장 현금이 없어도 일시불이든 할부든 외상으로 소비할 수 있다는 편리함이 우리로 하여금 필요하거나 말거나 소비를 하도록 부추긴다. 게다가 우리는 매일 온갖 종류의 상품 광고에 노출되고 있으며, 백화점이나 쇼핑몰에 들어서는 순간부터 보이지 않는 손에 의해 안내되어 여러 가지 진열된 상품을 구경하도록 조정당하고 있다. 나는 광고기획사에서 근무하는 친구에게서 이런 이야기를 들었다.

"여자는 낭만적으로 소비하고, 남자는 과시적으로 소비한다."

그렇기 때문에 여자를 대상으로 광고를 제작할 때는 아름다움, 우아함, 섹시함, 고귀함, 특별함, 행복, 사랑, 소중함 등을 모티브로 감성을 자극하기 위해 노력하고 남자를 대상으로 할 때는 우월함, 강함, 탁월함 등을 모티브로 자존심을 자극하기 위해 노력한다는 것이다. 특히 현대 사회에서 소비의 주체는 여자이기 때문에 여성 마케팅, 즉 여자의 감성을 자극하는 것에 관한 연구를 많이 한다고 말했다.

이렇듯 광고는 우리에게 정보를 제공하는 게 아니라 우리의 소비 스위치를 작동시키기 위해 반복적인 자극을 가할 뿐이다. 그리고 견물생심이라는 말이 있듯이 무엇이든 자꾸 반복해서 듣고 보고 맛보게 되면 우리는 필요하든 말든 결국 지갑을 열게 된다. 그러는 동안 국가의 경제는 성장하지만 역설적이게도 우리의 살림살이는 점점 팍팍해진다.

나는 총각 시절에 교통사고를 당해서 회사에 병가를 내고 자취방에서 누워 지냈던 적이 있다. 아픈 몸으로 단칸 자취방에서 혼자 할 수 있는 일이라고는 책을 읽거나 TV를 보는 것밖에 없었다. 당시 나는 우리나라의 홈쇼핑 TV채널이 그렇게 많다는 것을 그때 처음 알았다. 대낮에 아무 생각 없이 홈쇼핑 방송을 보고 있으면 여러 종류의 상품들이 보내오는 강한 호소력이 뇌파를 자극했다. 어느새 나도 모르게 주문 전화를 걸어 애인처럼 친절하게 전화를 받는 전화상담원에게 신용카드 번호를 불러주고 있었다. 그렇게 구입했던 각종 의료기구, 운동기구, 건강식품 등이 쌓여서 비좁은 자취방의 한 공간을 가득 채웠다. 결국 나중에 이사를 하면서 그때 산 물건들을 전부 내다 버렸다. 필요하다고 생각해서 구입한 물건들이지만 실제로는 나에게 필요한 게 하나도 없었던 것이다. 필요한 물건이니까 구입하라고 자꾸 설득하는 광고의 유혹에 넘어갔던 것뿐이다. 이렇듯 견물생심의 심리와 광고의 유혹이 우리로 하여금 충동적인 소비를 하도록 펌프질하기 때문에, 앞서 내가 현주 씨에게 당분간 백화점에 가지 말고 인터넷 쇼핑몰에도 접속하지 말라고 제안했던 것이다.

당신이 오래 사용하지 않고 내다 버릴 물건을 구입했거나 돈을 쓰고 나서 후회를 했다면 불필요한 소비를 했거나 필요 이상으로 낭비했을 가능성이 99%다. 불필요한 소비를 하지 않으려면 의식적으로 각종 매장에 진열된 상품을 보지 말고 광고에도 노출되지 않도록 행동해야 한다. 그런데 눈을 감고 귀를 막고 살지 않는 이상 그것은 불가능하다. 그 대신 소비에 관한 의사결정을 하는 과정에 여과필터를 설치하는 게 대안이 될 수 있다. 정수기의 여과필터가 물속의 불순물을 걸러주듯이 소비를 할 때마다 불순한 소비를 걸러줄 수 있는 여과필터 말이다. 체크카드가 바로 소비의 여과필터 역할을 해줄 수 있다. 신용카드를 잘라버리고 체크카드를 사용하면 소비하기 전에 통장 잔액을 의식하게 되고, 그러는 동안 지금 눈앞에서 섹시한 모습으로 당신을 유혹하고 있는 물건이 정말 필요한 것인지 아닌지 한 번 더 생각해보게 된다. 뿐만 아니라 필요한 물건이라도 가격이 제법 비싸다면 지금 당장 구입할 필요가 있는지 아니면 나중에 구입해도 되는 물건인지 두 번 더 생각해보게 된다. 따라서 불필요한 소비를 하게 될 가능성이 적다. 내가 가능성이 '없다'라고 표현하지 않고 '적다'라고 표현한 이유는 소비의 여과필터가 불순물을 100% 걸러주지는 못하기 때문이다. 솔직히 말하면 나 역시 때때로 불필요한 소비를 하고 나서 후회하는 일이 여전히 있다.

● 경험을 소비하라

내가 20대 때 다녔던 회사에서 모셨던 팀장님을 최근에 만나 뵙고 담소를 나누던 중 이런 말씀을 하셨다.

"멋진 스포츠카를 젊을 때는 돈이 없어서 못 타지만 나이가 들면 어울리지 않아서 못 타게 되더군. 그렇기 때문에 스포츠카를 꼭 타고 싶다면 젊을 때 무리해서라도 타보는 편이 나아."

말 그대로 젊을 때 무리하게 비싼 스포츠카를 구입하라는 것이 아니라, 나이가 들면 돈이 있어도 할 수 없는 일이 있으니까 꼭 하고 싶은 일이 있다면 젊을 때 경험해보라는 뜻이었다. 나는 팀장님의 말에 전적으로 동의한다. 물건을 사거나 먹고 마시며 즐기는 일은 돈만 있으면 아무 때나 할 수 있지만 경험은 나이가 들면 할 수 없는 경우가 많다. 아무리 돈이 많아도 젊음을 되돌릴 수 없기 때문이다. 그래서 30대가 되면 20대 때 못한 일을 후회하고, 40대가 되면 30대 때 못한 일을 후회하곤 한다. 반면에 나이 들어서 젊을 때 갖고 싶었던 물건을 구입하지 못한 일이나 먹고 싶었는데 못 먹었던 일을 후회하는 경우는 거의 없다. 예를 들어 70세 할머니가 40년 전 백화점 명품 매장에서 반값에 세일하던 샤넬 가방을 하나 사두지 못한 것을 후회하는 경우는 없지 않은가.

그런 이유 때문에 물건을 구입하거나 먹고 마시며 즐기는 데 쓰는 돈은 아까워하지만 꼭 해보고 싶은 일을 할 때는 돈을 아끼지 않는 사람들이 있다. 직장인 구상준 씨가 그런 경우다. 상준 씨와 그의 아내는 여행을 무척 좋아한다. 평소에는 국내여행을 다니고 아이들의 방학 때마다 해외여행을 떠난다. 그는 해외여행을 통해 아이들의 견문을 넓혀줄 수 있고 그것이 아이들에게 평생의 자산이 될 것으로 믿고 있다. 여행지는 가족회의를 통해 결정한다. 그리고 여행을 떠나기 전에 아이들과 함께 여행지에 관한 책을 읽고 인터넷에서 정보를 수집하면서 그곳의 문화와 역사 등에 관해 공부한다. 그는 나이가 들면 아무리 돈이 많아도 지금처럼 체력이 좋지 않을 테니 적극적으로 해외여행을 다니기 어려울 것이고, 더구나 이미 다 커버린 아이들에게 엄마아빠와 함께 한 해외여행의 경험은 선물해줄 수 없다고 생각한다. 그렇다고 상준 씨가 부유한 것도 아니다. 그래서 평소에는 상당히 검소하게 생활한다. 물건을 구입하는 데 신중하며 한 번 구입한 물건은 닳아서 쓰지 못하게 될 때까지 쓰자는 게 그의 소비 철학이다. 자동차도 10년 넘게 20만 킬로미터 이상 운행했지만 그동안 애견 돌보듯이 관리를 잘해왔기 때문에 잔고장 없이 여전히 잘 굴러간다. 그는 지금 쓰는 자동차가 더 이상 운행이 힘들면 바꾸겠다고 한다.

물론 평소에 돈을 잘 쓰지 않기 때문에 주변 사람들로부터 인색하다는 말을 들을 때도 있다. 하지만 그렇게 아껴 쓰고 모은 돈으로 가족과 함께 여행을 다니는 게 상준 씨 인생에서 가장 중요한 일이자 즐거움인데 그것에 대해 누가 뭐라고 이러쿵저러쿵 평가할 수 있단 말인가? 그는 나중에 퇴직하면 아내와 함께 작은 여행사를 차릴 계획도 갖고 있다. 상준 씨는 그냥 놀러만 다니는 게 아니라 가족들과 함께 소중한 추억을 만들고, 아이들에게 현장학습의 기회를 제공하며, 퇴직 후 제2의 인생을 살기 위한 준비로 여행을 하는 것이다. 만약 그가 평소에 검소하게 생활하지 않는다면 과다한 여행 경비 때문에 이미 오래 전에 빚더미에 앉았거나 여행 경비 부족으로 그렇게 좋아하는 여행을 마음대로 다니지 못해서 우울하게 지내고 있을 것이다. 그처럼 상준 씨는 하나를 포기하고 다른 하나를 선택하는, 현명한 소비를 하고 있었다.

갖고 싶은 물건을 구입하고 나면 잠시 즐거움을 느낄 수 있을 뿐, 언젠가 내다 버리게 될 잠재적인 쓰레기를 구입한 것과 마찬가지다. 먹고 마시며 즐기는 일은 찰나의 즐거움으로 끝날 뿐이다. 하지만 지금 꼭 하고 싶은 일이 있고 그 경험이 한 순간의 쾌락으로 끝나지 않고 나의 가치를 높여주거나 상준 씨의 경우처럼 평생의 자산으로 활용될 수 있는 일이라면 아끼지 말고 과감히 돈을 쓸 줄도 알아야 한다. 그렇지 않고 나이 들어 그때 그 시절을 후회해봐야 아무 소용이 없다.

2장

카드, 잘 쓰고 있습니까?

신용카드 없이 어떻게 살지?

우리 스스로 외상거래가 어려운 금융 시스템을 만들기 위해 제일 먼저 할 일은 지갑 속에 있는 신용카드를 잘라버리는 것이다. 사람들에게 신용카드를 당장 자르라고 말하면 상상도 못할 일이라는 듯한 표정을 짓는다. 그 표정은 마치 "신용카드 없이 불편해서 어떻게 살죠?"라고 묻는 것 같다. 평소에 신용카드 없이 살아간다는 생각을 해본 적이 없기 때문이다. 그런데 갑자기 신용카드를 당장 자르라는 말을 듣게 되면 당황하지 않을 수 없다. 지금 당신도 그와 같은 표정을 짓고 있을지 모르겠다. 만약 당신이 신용카드를 사용하면서도 계획적이고 절제된 소비생활을 하는 데 전혀 어려움이 없다면 굳이 신용카드를 자를 이유가 없다. 하지만 만약 당신이 다음 2가지 질문에 "예"라고 대답하지 못한다면 나는 당신에게 신용카드를 당장 자르라고 다시 한 번 말하지 않을 수 없다.

- 지난달에 돈을 얼마나 지출했는지 알고 있는가?
- 이번 달 1일부터 오늘까지 돈을 얼마나 지출했는지 알고 있는가?

쉬운 질문 같지만 그동안 내가 경험한 바에 따르면 이 2가지 질문 모두에 대해 자신 있게 "예"라고 대답할 수 있는 사람은 10명 중 1명이 채 안 된다. 그 이유는 단순하다. 많은 사람들이 평소에 돈을 계획적으로 쓰지 않기 때문이다. 대다수의 사람들은 매일, 매월 별다른 생각 없이 필요한 대로 돈을 쓴다. 그리고 한 달 뒤 카드사에서 친절하게 보내주는 외상값(신용카드 대금) 청구서를 보고 얼마나 썼는지 확인한다. 청구서에 잡히지 않은 지출 내역은 어디에 얼마를 썼는지 기억하지도 못한다. 또한 예상치 못할 만큼 많은 외상값이 청구된 것을 보고 종종 당혹스러워 청구서를 유심히 살피지만, 카드사는 한 치의 오차도 없이 당신이 지난달에 신용카드를 쓴 만큼 정확히 청구한다.

계획이란 어떤 일을 실행하기에 앞서 미리 세우는 것인데 신용카드를 사용하다 보면 우선 쓰고 나중에 확인하는 습관이 굳어지기 때문에 돈을 계획적으로 쓰기가 어렵다. 뿐만 아니라 소비 욕구를 조절하기도 어렵다. 그 결과 지갑의 여기저기가 터져서 돈이 불필요하게 줄줄 새거나 필요 이상으로 낭비되는 경우가 흔히 생긴다. 우리는 모두 생계를 유지하고 가족을 부양하고 각자가 지닌 꿈을 실현하기 위해 얼마나 많은 땀을 흘리며 살고 있는가? 우리가 버는 돈은 바로 우리가 흘린 땀의 대가다. 그런데 그 소중한 돈이 조금이라도 무가치하게 새거나 낭비되고 있다면 어떻게든 막아야 하지 않겠는가?

당신이 평소에 돈을 계획적으로 쓰지 않아서 새고 낭비되는 돈이 당신의 인생에 얼마나 큰 손해를 끼치는지 잠시 생각해보자. 우선 지난 1년 동안 당신의 지갑에서 알게 모르게 새나간 돈이 50만 원이라고 가정해보자. 사실 당신이 매일 신용카드를 쓴다면 1년에 50만 원 정도 새나가는 것은 매우 쉬운 일이다. 매월 4만 원 꼴로 새나간 셈인데 당신은 그것이 큰돈으로 느껴지는가 아니면 적은 돈으로 느껴지는가? 정답이 없는 질문이지만 자로 키를 재듯이 그 돈의 크기를 한번 측정해보자.

내가 돈의 크기를 측정할 때 자주 사용하는 방법은 그만큼 돈을 벌려면 얼마나 열심히 저축을 해야 하는지 따져보는 것이다. 예를 들어 당신이 은행의 정기적금에 저축해서 1년 동안 이자 50만 원을 받으려면 매월 얼마씩 납입해야 할까? 정기적금 이자율을 최근 금리수준인 연 3%로 가정하면 매월 300만 원씩 1년 동안 총 3600만 원을 납입해야 한다. 그러면 세금을 떼고 약 50만 원의 이자가 생긴다. 현재 당신은 매월 300만 원씩 저축하고 있는가? 아니면 당장이라도 매월 300만 원씩 저축하는 게 가능한가? 만약 그렇지 않다면 지난 1년 동안 당신의 지갑에서 불필요하게 새나간 50만 원은 매우 큰돈이다. 당신이 그 50만 원을 다시 벌어들이는 게 절대로 쉬운 일이 아니기 때문이다. 설령 당신이 매월 300만 원씩 저축하는 게 껌 씹듯이 쉬운 일이라고 해도 마찬가지다. 1년 동안 이자 50만 원을 벌기 위해 매월 납입해야 하는 300만 원(연간 3600만 원)은 객관적으로 봐도 큰돈임이 틀림없기 때문이다. 물론 주식이나 펀드에 투자해서 운이 좋으면 그깟 50만 원쯤 쉽게 벌 수도 있다. 하지만 운이 나쁘면 이자는커녕 원금을 까먹게 될 수도 있다. 또한 당신이 직장에서 받는 하루 일당이 10만 원이라면 꼬박 5일 동안 40시간 이상 노동을 해야 50만 원을 벌 수 있다. 어떤 경우에도 한번 새나간 돈을 다시 회수하는 것은 결코 쉬운 일이 아니다.

이번에는 당신이 실제로 지난 1년 동안 허리띠를 졸라매고 매월 300만 원씩 적금에 납입해서 이자 50만 원을 벌었다고 가정해보자. 그런데 같은 기간 동안 돈을 계획적으로 쓰지 않아서 불필요하게 50만 원이 새나갔다면 수익률은 얼마인가? 당연히 제로다. 만약 그렇게 새나가는 돈이 1년에 100만 원이라면 어떨까? 5년이 지나면 500만 원, 10년이 지나면 1000만 원이 사라진다. 그 1000만 원을 저축해서 얻을 수 있는 이자까지 따진다면? 결국 당신은 그 많은 돈을 그냥 쓰레기통에 버리고 있는 것이다. 그것이 당신의 인생에 얼마나 큰 손해인가? 그런데 손해는 그 정도에서 끝나지 않는다.

이번에는 당신의 월 소득이 200만 원이고, 당신이 평소에 돈을 계획적으로 쓰지 않아서 매월 소득의 5%인 10만 원이 필요 이상으로 낭비된다고 가정해보자. 그리고 앞서 했던 것과 비슷한 방법으로 '매달 10만 원'이라는 돈의 크기를 측정해보자. 우선 당신이 지난해에 결혼해서 오늘 아기를 낳았다고 상상해보자. 만약 당신이 아이의 교육비통장을 만든 뒤 오늘부터 아이가 고등학교를 졸업할 때까지 매달 10만 원씩 저축해서 연평균 6% 정도의 실질수익률(금융수수료, 세금 등 각종 투자비용을 공제하고 남은 최종수익률)을 얻게 된다면 당신은 아이가 대학에 입학할 때 2년간의 등록금을 미리 확보할 수 있을 것이다. 참고로 최근 사립대학교의 평균 등록금은 연간 700만 원~1000만 원이다. 등록금인상률을 연평균 5%로 가정하면 아이가 대학에 입학할 때에는 연간 1800만 원~2500만 원 정도가 될 것이다. 따라서 2년간의 예상 등록금은 3600만 원~5000만 원 정도다. 당신에게 그것이 큰돈인가 작은 돈인가? 학기가 시작될 때마다 비싼 대학등록금 때문에 부모와 자녀가 함께 시름시름 앓고 지내는 가정이 무척 많다는 사실을 생각한다면 그것은 객관적으로 큰돈임이 틀림없다.

당신이 매일 신용카드를 쓴다면 소득의 5% 정도가 필요 이상으로 낭비되는 것은 매우 쉬운 일이다. 그렇기 때문에 소득의 30% 이상 저축할 수 있는 사람이 소득의 25%만 저축하거나 20%만 저축한다. 소득의 20% 이상 저축할 수 있는 사람 역시 소득의 15%만 저축하거나 10%만 저축하고 지낸다. 그로 인해 수천만 원을 잃게 된다면 그것이 당신의 인생에 얼마나 큰 손해인가? 신용카드를 잘라버리고 체크카드와 현금을 사용하는 것만으로도 불필요하게 새는 돈과 필요 이상으로 낭비되는 돈이 반드시 줄어든다. 그만큼 저축하는 돈 역시 늘어난다. 그렇게 늘어난 돈이 당장 보기에는 적게 느껴질 수도 있지만 그 돈이 쌓이면서 5년이 지나고 10년이 지나면 함부로 무시할 수 없는 목돈이 된다.

신용카드가 없던 시절

신용카드를 사용하면 소비하는 시점과 외상값을 갚아야 하는 시점 사이에 한 달 이상 차이가 생기기 때문에 돈을 계획적으로 쓰기가 어렵고 절제하기도 어렵다. 그로 인해 돈이 불필요하게 새거나 필요 이상으로 낭비되는 일이 흔히 생긴다. 그런데 많은 사람들이 그 점에 공감하면서도 신용카드를 쉽게 자르지 못하는 대표적인 이유가 2가지 있다.

- 신용카드가 없으면 불편해서 못 살 것 같다.
- 신용카드가 주는 각종 혜택을 포기하기 어렵다.

지금 당신도 그런 이유 때문에 신용카드 자르기를 주저하고 있다면 그것이 정말 합리적인 이유인지 아니면 변화에 대한 저항감에 불과한지 생각해볼 필요가 있다.

신용카드가 없으면 정말 못 살 것처럼 그렇게 불편할까? 당신은 언제부터 신용카드를 사용하기 시작했는가? 세상에 태어날 때부터 신용카드를 사용했는가? 분명히 그렇지 않을 것이다. 아마 다른 사람처럼 처음 취업을 한 뒤나 조금 빠르면 대학에 다니면서부터 사용하기 시작했을 것이다. 그러면 그 이전에 신용카드가 없을 때는 불편해서 어떻게 살았는가? 아마 불편하다는 인식을 전혀 못하고 살았을 것이다.

나는 15년 전 신입사원 시절에 처음 신용카드를 만들었다. 그 이전에는 신용카드가 없었지만 사는 데 전혀 불편함이 없었다. 신용카드를 한 번도 사용해본 적이 없었기 때문에 불편하다는 인식을 못했다고 말하는 게 더 정확한 표현일 것이다. 그때는 내가 학생 신분이었으니까 신용카드가 없어도 불편하지 않지만 직장생활을 하다 보면 신용카드가 꼭 필요하다고 생각할 수도 있다. 그런데 현재 나는 누구 못지않게 바쁘고 다양한 사회활동을 하고 있지만 신용카드를 사용하지 않아도 생활에 불편함을 느끼지 못하고 있다. 오히려 신용카드를 자르기 이전에 불편한 일이 더 많았다. 예를 들면 매월 신용카드 대금을 혹시라도 제 날짜에 결제하지 못할까 봐 신경을 써야 했고, 때로는 돈이 모자라서 적금통장을 깨거나 마이너스통장을 사용해야 했다. 또한 급여를 받자마자 카드사가 돈을 수금해 통장의 잔액은 바닥을 드러내기 일쑤였기 때문에 스트레스를 받았다. 하지만 지금은 그런 불편한 문제가 전혀 없다. 나에게 컨설팅을 받아 신용카드를 잘라버린 다른 사람들도 사는 데 전혀 불편하지 않으며 매월 외상값에 쫓기지 않아서 마음이 편하다고 말한다. 또한 충동적으로 소비하지 않아 오히려 목돈을 모을 수 있었다고 말한다. 신용카드는 휴대전화나 인터넷처럼 직장생활과 사회활동을 하는 데 필수적인 도구가 아니다. 그것 때문에 편리한 점보다는 오히려 불편한 문제가 훨씬 더 많이 생길 뿐이다.

배보다 배꼽이 더 큰 카드 혜택

이번에는 신용카드가 주는 각종 혜택에 대해 생각해보자. 사실 내가 사람들에게 신용카드를 잘라버리라고 이야기하면 가장 많이 듣는 말이 할인 혜택과 포인트 적립과 같은 이익을 포기하기 어렵다는 것이다. 그리고 그런 혜택을 잘 챙기는 게 똑똑한 소비라고 말하는 사람도 많다. 그런데 그것이 과연 똑똑한 소비인지 구체적으로 따져보자. 다음의 표는 ○○카드사가 주력 상품으로 내세우는 신용카드의 할인 혜택을 정리한 것이다.

만약 당신이 이 카드를 사용해서 매월 최대 할인 혜택 7만 5000원

oo카드(연회비: 1만 원)

할인 항목 (지정업체 수)	월 최대 할인액	월 최대 할인을 받으려면
이동통신(1)	15,000원	매월 60만 원 이상 카드 사용해야 함 •할인조건: 이동통신비, 주유비 제외하고 매월 60만 원 이상 카드 사용
주유비(1)	22,000원	매월 30만 원 이상 주유(1L당 2000원 가정) •할인조건: 이동통신비, 주유비 제외하고 매월 60만 원 이상 카드 사용
영화(4)	3,000원	매월 1만 원 이상 영화티켓 구매 •할인조건: 이동통신비, 주유비 제외하고 매월 30만 원 이상 카드 사용
패밀리 레스토랑(5)	5,000원	매월 5만 원 이상 식사 •할인조건: 이동통신비, 주유비 제외하고 매월 30만 원 이상 카드 사용
커피 전문점(6)	5,000원	매월 10만 원 이상 커피 마심 •할인조건: 이동통신비, 주유비 제외하고 매월 30만 원 이상 카드 사용
대중교통	5,000원	매월 7만 원 이상 대중교통비 지불 •할인조건: 이동통신비, 주유비 제외하고 매월 30만 원 이상 카드 사용
대형마트(4)	10,000원	매월 10만 원 이상 마트에서 쇼핑 •할인조건: 이동통신비, 주유비 제외하고 매월 90만 원 이상 카드 사용
외국어학원	10,000원	매월 10만 원 이상 학원비 지불 •할인조건: 이동통신비, 주유비 제외하고 매월 90만 원 이상 카드 사용
합계	**75,000원**	최대 할인을 받으려면 매월 총 130만 원 이상 카드 사용

을 받으려고 한다면 다음과 같은 방법으로 카드를 쓰면서 돌아다녀야 한다.

우선 당신은 카드사가 지정해준 이동통신사의 LTE스마트폰을 이용해 여자친구나 남자친구에게 전화를 걸어서 데이트 약속을 정해야 한다. 그리고 자동차를 운전해 카드사가 지정해준 주유소에 들러서 매월 30만 원 이상 기름을 넣어야 한다. 사실 1킬로미터 정도만 더 가면 기름값이 1L 당 50원이나 더 저렴한 주유소가 있지만 카드 할인 혜택을 최대한 받으려면 어쩔 수 없이 조금 비싸더라도 카드사가 지정해준 주유소를 이용하는 수밖에 없다. 이제 기름을 충분히 넣었으니 친구를 픽업해 카드사가 지정해준 커피전문점에 가서 매월 10만 원 이상 커피를 마셔야 한다. 커피를 마신 뒤에는 카드사가 지정해준 극장에 가서 매월 1회 이상 영화를 봐야 하고, 끝난 뒤에는 곧바로 카드사가 지정해준 패밀리레스토랑에 가서 매월 5만 원 이상 밥을 사먹어야 한다. 그리고 친구와 헤어진 뒤 집에 돌아오는 길에는 카드사가 지정해준 대형마트에 들러서 매월 10만 원 이상 물건을 사야 한다. 다음 날 출퇴근할 때에는 버스나 지하철을 이용해서 매월 7만 원 이상 교통비를 써야 하는데 퇴근 후 곧바로 집에 돌아오면 안 된다. 왜냐하면 외국어 학원비 할인 혜택을 받으려면 반드시 외국어 학원에 들러서 영어나 중국어를 열심히 공부해야 하기 때문이다.

뿐만 아니라 최대 할인 혜택을 받으려면 카드사에서 정해준 기준금액인 매월 90만 원 이상을 카드로 썼는지 수시로 확인해야 한다. 이때 주의할 점이 있다. 기준금액 90만 원을 산정할 때는 카드사가 이동통신요금과 주유비를 제외시키기 때문에 실제로는 매월 130만 원 이상을 카드로 써야 한다. 하지만 만약 당신이 그 130만 원을 커피전문점에서 전부 써버린다면 할인 혜택은 겨우 5000원에 불과하다. 따라서 항목별로 한도에 맞춰 골고루 분산해서 카드를 써야 한다. 한 치의 오차도 허용되지 않는다. 또한 매월 최소 30만 원(이동통신비, 주유비 제외) 이상을 카드로 쓰지 않으면 아무것도 할인 혜택이 적용되지 않는 사실도 명심해야 한다. 그리고 1년에 한 번씩 연회비 1만 원을 지불해야 한다는 점도 잊지 말아야 한다.

현재 당신은 그와 같은 노력을 통해 카드사가 제공하는 할인 혜택을 매월 최대한 챙겨 받고 있는가? 아마 그것의 반의 반 정도만 할인 혜택을 받아도 다른 사람에 비해서는 많이 챙겨 받는 편에 속할 것이다. 하지만 만약 당신이 정말 카드사가 주는 할인 혜택을 매월 꼬박꼬박 최대한 챙겨 받고 있다면 나는 이렇게 묻지 않을 수 없다.

"그렇게 해서 얼마나 벌고 있습니까?"

최대 할인 혜택 7만 5000원을 받기 위해 노력하는 것보다는 차라리 한 달에 7만 5000원을 아껴 쓰는 게 더 쉽다. 또한 할인 혜택

5000원을 더 받기 위해 10만 원을 더 쓰기보다는 차라리 새는 돈 5000원을 줄이는 게 훨씬 더 쉽다. 그리고 그것이 훨씬 더 똑똑한 소비를 하는 것이다. 혹시 지금껏 내가 소개한 OO카드의 할인조건이 너무 까다롭다고 생각한다면 다른 카드는 어떤지 한번 살펴보자. 다음의 표는 쓴 만큼 현금으로 돌려준다는(캐시백) XX카드의 할인 혜택을 정리한 것이다.

만약 당신이 XX카드를 사용해서 매월 최대 할인 혜택을 받으려고 한다면 매월 1080만 원 이상을 카드로 긁으면서 돌아다니면 된

XX카드(연회비: 5000원)

할인 항목 (지정업체수)	월 최대 할인액	월 최대 할인을 받으려면
캐시백 (가맹점)	100,000원	매월 1000만 원 이상 카드 사용해야 함 •캐시백조건: 세금, 공과금, 보험료, 교통비, 통신비 등을 제외하고 매월 30만 원 이상 카드 사용(단, 다른 할인과 중복적용 안 됨)
이동통신(1)	5,000원	매월 25만 원 이상 휴대전화 사용 •할인조건: 매월 30만 원 이상 카드 사용
주유비(1)	10,000원	매월 40만 원 이상 주유(1L당 2000원 가정) •할인 조건: 매월 30만 원 이상 카드 사용
영화(3)	6,000원	매월 2만 원 이상 영화 티켓 구매(연 최대 6회에 한함) •할인조건: 매월 30만 원 이상 카드 사용
베이커리(4)	10,000원	매월 10만 원 이상 제빵 구매 •할인조건: 매월 30만 원 이상 카드 사용
놀이공원 자유이용(2)	20,000원	매월 놀이공원 자유이용권 1매 이상 구매(연 최대 4회에 한함) •할인조건: 매월 20만 원 이상 카드 사용
무이자할부 (백화점 등)		2~3개월 무이자 •할인조건: 매월 30만 원 이상 카드 사용
합계	**151,000원**	최대 할인을 받으려면 매월 총 1080만 원 이상 카드 사용 •캐시백을 제외한 최대 할인을 받으려면 매월 총 80만 원 이상 카드 사용

다. 단위를 잘 보기 바란다. 108만 원이 아니라 1080만 원이다. 단, 캐시백 할인은 무이자 할부 등 다른 혜택과 중복해서 적용되지 않으니 주의해야 한다. 또한 카드사의 사정에 따라 항목별 할인 혜택이 없어지거나 줄어들 수 있다.

그 외에 카드사는 당신이 물건을 외상으로 구입할 때 할인 혜택으로 위장된 선포인트를 지급하기도 한다. 선포인트를 지급받은 뒤에는 매월 카드사가 정해준 사용금액 이상 신용카드를 사용해야 하는데 대다수의 사람들이 포인트를 미리 받은 만큼 나중에 현금으로 토해낸다. 그것도 수수료를 더해서 토해낸다. 왜냐하면 매월 적립되는 포인트의 한도가 정해져 있고 카드사가 지정해준 곳에서만 신용카드를 사용해야 포인트를 적립해주는 등 여러 가지 제약이 있기 때문이다. 그래서 아무리 열심히 신용카드를 써도 선포인트를 갚기가 어려운 것이다.

신용카드와 서서히 이별하기

지금까지 말한 것 외에도 사람들이 신용카드를 쉽게 잘라버리지 못하는 이유가 몇 가지 더 있다. 그중 하나만 더 살펴보겠다. 신용카드를 잘라버리고 체크카드와 현금만 사용하려면 처음 한두 달

동안은 자금 압박이 생길 수 있다. 왜냐하면 당장 신용카드를 잘라 버려도 그 전에 사용한 신용카드 대금은 이번 달에 갚아야 하기 때문이다. 결과적으로 한 달 동안 두 달 분의 생활비가 지출되기 때문에 자금 압박이 생길 수 있다. 특히 매월 신용카드 대금을 겨우겨우 결제하고 있거나 할부구매를 자주해서 한두 달에 결제를 끝낼 수 없는 사람은 신용카드를 자르는 게 엄두가 나지 않을 수도 있다. 이런 문제 때문에 신용카드 자르기를 포기하는 사람들이 많다. 하지만 당장 마음을 먹고 도전해보면 그 고비를 넘는 게 생각만큼 어려운 일이 아니라는 사실을 알게 될 것이다. 뿐만 아니라 그 고비만 잘 넘기면 신용카드를 사용하는 게 오히려 불편해지는 경험도 하게 될 것이다.

지난달까지 사용한 신용카드 대금을 정리하는 가장 좋은 방법은 이번 달 결제일이 돌아오기 전에 카드대금 전액을 미리 선결제해 버리는 것이다. 하지만 당장 그럴 만한 여유 자금이 없다면 지금 납입하고 있는 적금, 예금, 펀드 등 금융상품을 해지해서 갚아버리는 것에 대해 검토해야 한다. 단, 해약하면 원금도 돌려받기 어려운 보험 상품과 소득공제나 비과세 등 세제혜택을 받고 있어 해지하면 큰 불이익이 생기는 금융상품, 해지 수수료가 커서 해지 시 원금 손실이 생기는 금융상품, 가입기간이 주택 청약순위에 중요한 영향을 미치는 청약통장 등을 해지하는 것은 바람직하지 않다. 만약 그

마저도 어려운 상황이라면 이번 달부터 신용카드 사용 비중을 단계적으로 줄이고 체크카드 사용 비중을 단계적으로 늘려가면 된다. 예를 들어 이번 달에는 처음 3주 동안 신용카드를 사용하고 마지막 1주 동안은 체크카드를 사용한다. 그리고 다음 달에는 처음 2주 동안 신용카드를, 그다음 2주 동안은 체크카드를 사용한다. 세 번째 달에는 1주 동안 신용카드를, 3주 동안은 체크카드를 사용한다. 예를 들어, 현재 신용카드 사용금액이 월 100만 원이라고 가정하면 1개월 후에는 75만 원으로, 2개월 후에는 50만 원으로, 3개월 후에는 25만 원으로, 4개월 후에는 0원으로 신용카드 사용금액을 줄이면 된다.

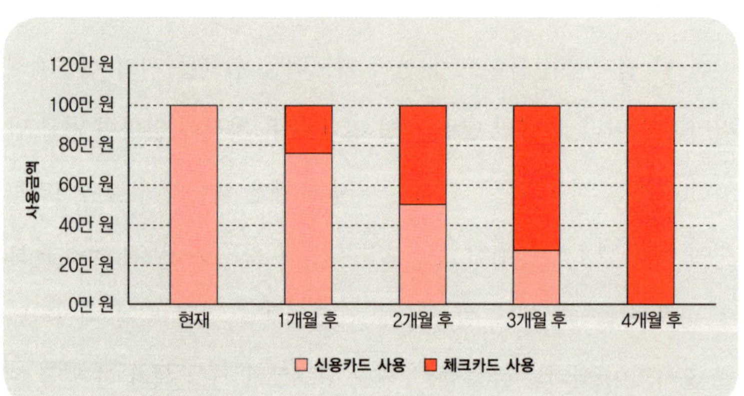

이런 식으로 계획을 세워 신용카드 사용 비중을 줄여나가면 머지

않아 신용카드 대금 잔액을 전부 없앨 수 있다. 그리고 바로 그날 신용카드를 잘라버리면 된다. 신용카드 대금 청구서가 0원이 되는 순간, 말로는 설명하기 어려운 홀가분함과 쾌감을 느끼게 될 것이다.

최근 체크카드 사용자가 늘면서 카드사가 제공하는 체크카드의 할인 혜택도 늘어나는 추세다. 그래서 몇 년 전까지만 해도 신용카드 사용자에게만 제공했던 캐시백 할인, 이동통신비 할인, 주유소 할인, 영화관 할인, 레스토랑 할인 등 다양한 혜택을 주는 체크카드가 많이 있다. 이때, 체크카드도 신용카드와 마찬가지로 일정 금액 이상을 사용해야 할인 혜택을 받을 수 있으며 아무리 많이 사용해도 항목별 최대 할인액의 한도가 정해져 있다. 기왕에 체크카드를 사용한다면 할인 혜택을 챙겨 받는 게 현명하지만, 그렇다고 할인에 너무 집착하면 불필요한 소비로 이어져 배보다 배꼽이 더 커져버릴 수 있으니 주의해야 한다.

소비체질 개선에 걸리는 시간,
3개월

앞서 나는 당신이 매일 신용카드를 긁는다면 소득의 5% 정도가 필요 이상으로 낭비되는 것은 매우 쉬운 일이라고 주장했다. 그것을 바꿔 말하면 당신이 신용카드를 잘라버리고 체크카드와 현금을 사용하기 시작하면 그 전에 비해 저축액이 소득의 5% 정도 늘어나는 것도 매우 쉬운 일이라는 뜻이다. 내 말이 믿기지 않는다면 직접 실행해보라. 그리고 3개월 뒤 신용카드를 잘라버리기 전과 후의 월평균 지출액이 얼마나 줄었는지 꼼꼼히 따져보라. 당신은 나의 주장에 쉽게 동의하게 될 것이다.

그런데 지금보다 저축액이 소득의 5% 정도 더 늘어나는 게 당신에게 어떤 의미가 있을까? 소득의 50%도 아니고 겨우 5% 때문에 소비체질을 바꾸는 귀찮고도 불편한 과정을 감수해야 할 만큼 그것이 당신에게 그렇게 중요한 문제이기나 한 걸까? 나는 앞서 소득의 5%를 필요 이상으로 낭비함으로써 당신의 인생에 얼마나 큰 손해가 생기는지 이야기했다. 그것만으로도 신용카드를 잘라버려야 하는 충분한 이유가 된다고 생각하지만, 이번에는 계획적인 소비생활을 통해 저축액이 소득의 5% 더 늘어남으로써 당신의 인생에 얼마나 큰 이익이 생기는지 살펴보자.

돈은 상황에 따라 당신을 구속하기도 하며 당신에게 자유를 허락하기도 한다. 예를 들어 통장의 잔액이 바닥난 상태라면 돈은 당신을 구속하고 괴롭힐 것이다. 돈 때문에 먹고 싶은 것을 포기해야 하고, 갖고 싶은 것을 포기해야 하며, 하고 싶은 일을 포기하거나 하기 싫은 일을 억지로 해야 할 수도 있다. 반면에 통장의 잔액이 넉넉하다면 돈은 당신에게 그 잔액만큼의 자유를 허락할 것이다. 먹고 싶은 것을 언제든 먹을 수 있고, 갖고 싶은 것을 언제든 가질 수 있으며, 하고 싶은 일을 언제든 할 수 있고 하기 싫은 일을 억지로 하지 않아도 된다. 이처럼 '목돈을 모으는 것'은 곧 '자유를 모으는 것'이다. 따라서 소비체질을 바꿈으로써 그 전에 비해 저축액이 늘어난다면 그에 비례해서 당신이 누릴 수 있는 자유 또한 늘어나게 된다.

예를 들어 당신이 생계를 유지하기 위해 매월(4주) 20일(주5일)

동안 노동을 하고 있다면 월 소득의 5%는 하루치 일당에 해당한다. 따라서 당신이 소득의 5%를 더 저축하게 된다면 노동을 하지 않고도 생계를 유지할 수 있는 자유가 매월 1일씩 늘어나는 셈이며, 1년이 지나면 12일, 10년이 지나면 120일의 자유가 늘어나게 된다. 소득의 5%가 제공하는 자유는 신용카드를 잘라버리고 체크카드와 현금을 사용하는 것만으로도 쉽게 얻을 수 있다. 따라서 당신이 돈을 계획적으로 쓰기 위해 그 이상의 노력을 하게 된다면, 예를 들어 지금보다 소득의 10%를 더 저축하게 된다면 당신이 누릴 수 있는 자유는 매월 2일씩 늘어날 것이며, 1년이 지나면 24일, 10년이 지나면 240일의 자유가 늘어나게 될 것이다. 그리고 그런 자유가 늘어날수록 당신이 누리게 될 행복의 크기는 점점 더 커질 것이다.

그런데 사실 신용카드를 잘라버린다고 해서 소비체질이 당장 바뀌지는 않는다. 짧게는 1~2년, 길게는 10년 이상 신용카드를 사용하던 소비체질이 어떻게 하루아침에 바뀌겠는가? 그것을 바란다면 욕심이다. 세 살 버릇이 여든까지 간다는 진리로부터 완전히 자유로운 사람은 아무도 없다. 따라서 소비체질이 빨리 바뀌지 않는다고 해서 조급해하거나 자신을 나무라지 마라. 일단 오늘은 신용카드를 모두 잘라버린 뒤 신용카드 없이 살아보겠다고 굳게 결심하는 것만으로도 충분하다. 그리고 오늘부터 3개월만 견디면 된다.

나의 조언대로 신용카드를 잘라버린 사람들이 그것으로부터 완전히 자유로워지는 데 필요했던 시간이 통상 3개월이었다. 물론 1개월 이내에 목표를 달성한 적도 있고, 3개월 이상 시간이 필요했던 적도 있지만 대개 3개월이면 충분했다. 하지만 만약 당신이 무이자라는 말에 혹해 할부 구매를 자주 했다면, 게다가 오늘 당장 할부금을 한 번에 갚을 만큼 현금이 없다면 할부금을 청산하기까지 수개월 이상 걸릴 것이다. 그러면 그 할부금을 청산한 날 이후부터 3개월을 더 견뎌야 한다. 만약 당신이 한도가 찰 만큼 현금서비스나 카드론을 이용했다면 역시 그 빚을 청산한 날 이후부터 3개월을 더 견뎌야 한다. 그 시간을 견디지 못하면 당신의 발목을 잡고 있는 외상의 올가미에서 쉽게 탈출하지 못할 것이다.

그리고 이제부터 현금을 일시불로 주고 살 수 없는 물건은 구입하지 마라. 갖고 싶거나 필요한 게 있으면 돈을 모아서 구입하라. 예를 들어 오늘 당장 50만 원짜리 물건을 10개월 할부로 사지 말고, 오늘부터 10개월 동안 월 5만 원씩 저축해 구입하라는 뜻이다. 그렇게 10개월이 지나면 그 물건이 할인 판매될 수도 있고, 신제품이 나와서 같은 값에 더 좋은 물건을 살 수도 있다. 또는 그 10개월 동안 그것이 당신에게 꼭 필요한 물건이 아니라는 사실을 깨닫게 돼 그보다 더 중요하고 가치 있는 일에 돈을 쓰기로 결심할 수도 있다. 그뿐만이 아니다. 신용카드를 잘라버린 뒤 돈을 계획적으로 쓰는 습관이 굳어지고, 목표를 세운 뒤 돈을 계획적으로 모으는 습관까지 생기면, 직장이나 집에서 어떤 일을 하든지 목표와 계획을 세운 뒤 하나둘 해치우고 있는 당신의 모습을 발견하게 될 수도 있다. 당신의 소비습관 하나가 바뀌면 당신의 행동 전체가 바뀔 수도 있기 때문이다. 나 역시 그런 경험을 했고 내가 아는 여러 사람들도 비슷한 경험을 했다. 이처럼 신용카드를 잘라버린 뒤 계획적으로 소비하는 체질을 만들면 재무상태가 개선되는 것은 물론이고, 생활 전반에 걸쳐 좋은 변화가 생긴다. 당신도 꼭 그런 경험을 해보기 바란다.

체크카드만 쓰면 끝?

그런데 작심 끝에 신용카드를 없애고 체크카드와 현금만 사용하기 시작한 뒤에도 소비 패턴이 그 이전과 크게 달라지지 않아서 고민하는 사람들이 있다. 사실 매달 한정된 월급에 맞춰 딱 맞게 살아가는 보통의 직장인에게 신용카드의 사용대금을 청산한 뒤 카드를 잘라버리는 일은 낡은 주택을 대대적으로 뜯어 고치며 보수하는 일만큼이나 큰 행사다. 그런데 많은 사람들이 그렇게 애써 신용카드를 없앤 뒤에도 그 이전보다 씀씀이가 줄어들지 않아서 고민하거나 머지않아 다시 신용카드를 발급받아 쓰기 시작한다.

여러 개의 신용카드를 갖고 있던 직장인 김동민 씨도 그랬다. 동민 씨는 인터넷 재테크 카페에서 지출을 통제하려면 우선 신용카드를 없애야 한다는 회원들의 글을 읽고 신용카드를 없애기로 마음먹었다. 평소에 그는 신용카드 결제일이 다가오면 연체될 것을 걱정하며 통장 잔액을 수시로 확인해야 할 만큼 무계획적으로 신용카드를 사용하고 있었다. 목돈 마련을 위해 적금을 붓다가도 신용카드 사용대금을 결제할 때 돈이 부족해서 깨는 등 저축도 꾸준히 하지 못했다. 그러던 중 카드사 전화상담원의 권유로 매달 신용카드 사용대금의 10%만 결제해도 연체되지 않고 나머지 사용대금의 결제가 다음 달로 이월되는 리볼빙 서비스를 신청했다. 이후 월말에 신용카드 결제에 대한 부담이 한결 가벼워져서 숨통이 트이는 것 같았다. 그런데 몇 달 지나지 않아 갚아야 할 신용카드 사용대금은 눈덩이처럼 불어났고, 아무 생각 없이 신청했던 리볼빙 서비스의 수수료율(이자율)이 사채와 다름이 없다는 사실을 알게 됐다.

사태의 심각성을 깨달은 동민 씨는 고민 끝에 신용카드를 없애기로 마음먹었다. 디데이D-Day는 성과급을 받는 12월의 월급날로 정했다. 바로 그날 그는 신용카드 사용대금을 일시에 청산했다. 그리고 휴대전화 요금 결제와 교통카드로 사용할 신용카드 1개만 남겨두고 전부 해지했다. 그 외의 지출은 체크카드와 현금만 사용하기 시작했다. 그때만 해도 동민 씨는 매달 신용카드 결제에 대한 부담에서 완전히 벗어난 것처럼 보였다. 그런데 얼마 지나지 않아서 그에게 또 다른 고민이 생겼다. 신용카드를 없애버린 후에도 동민 씨가 생각했던 것만큼 지출이 크게 줄지 않았기 때문이다. 그러다가 여름휴가 때 친구들과 함께 여행을 다녀온 뒤 생활비가 부족해지자 다시 신용카드를 사용하기 시작했는데, 월말마다 연체 걱정을 해야 했던 예전의 모습으로 되돌아갈 것 같아 고민하고 있었다. 나는 동민 씨의 재무상태와 현금흐름 등을 검토한 뒤 그에게 몇 가지 실행 계획을 제안했는데 그중 가장 중요한 것은 다음의 3가지다.

① 최근 3개월간의 지출 내역을 면밀히 검토한 뒤 월 평균 생활비 계산하기
② 매달 한 번씩 정해진 날짜에 체크카드가 연결된 통장에 월 평균 생활비의 70~80% 정도만 입금하고 사용하기
③ 체크카드가 연결된 통장에서 입출금 거래가 발생될 때마다 잔액을 휴대전화 문자메시지로 통보해주는 은행의 SMS 서비스에 가입하기

그 외에 CMA통장을 개설한 뒤 매달 월급 중 일부를 입금해두고 생활비가 부족한 경우에는 CMA통장에서 돈을 인출해 사용하도록 제안했다. 그리고 장기적으로 목돈을 마련할 수 있도록 저축 계

획도 함께 제안했다. 이후 동민 씨는 나의 의견대로 실행했는데, 몇 달 뒤 그동안 자신이 신용카드를 없앤 후에도 소비패턴이 크게 바뀌지 않았던 이유를 알게 됐다고 말했다. 동민 씨가 신용카드를 없애버리고 체크카드만 사용했음에도 소비체질이 이전과 크게 달라지지 않았던 가장 큰 이유는 체크카드가 연결된 통장에 수시로 돈을 부어가면서 쓰고 있었기 때문이다. 그는 평소에 자신이 돈을 얼마나 쓰고 지내는지 제대로 파악하지 못하고 있었다. 그렇다 보니 체크카드가 연결된 통장에 적정한 예산만큼 생활비를 입금하고 사용하는 게 아니라 통장의 잔액이 바닥날까 봐 염려돼서 수시로 돈을 넣어가면서 체크카드를 사용하고 있었다. 동민 씨처럼 통장에 돈을 부어가면서 체크카드를 사용하는 사람을 종종 볼 수 있는데 그런 경우에는 신용카드를 잘라버려도 큰 효과를 기대하기 어렵다. 따라서 기왕에 신용카드를 잘라버리고 체크카드만 사용하기로 마음먹었다면, 불필요한 소비를 막고 저축을 늘려나가는 데 충분한 효과를 얻을 수 있도록 매달 지출 예산을 정하고 그 한도 내에서만 지출하는 습관을 들이는 게 좋다.

카드재테크는 없다

IMF 외환위기 이후 정부는 침체된 내수경기 부양과 자영업자 세수 증대라는 두 마리 토끼를 잡기 위해 신용카드 활성화 정책을 적극적으로 추진했는데 그중 하나가 2000년에 도입된 신용카드 소득공제 제도다. 그로 인해 많은 직장인들이 어차피 쓸 돈인데 신용카드를 많이 사용해서 연말정산 때 소득세를 환급받자는 생각을 하게 되면서 현금 사용은 자연히 줄어들고 신용카드 사용은 늘어나게 됐다(2000년경에는 현금영수증 소득공제 제도가 없었다).

나는 그 당시 현금을 쓰고 다니는 사람은 바보 취급을 받거나 신용불량자로 오해받는 분위기였던 것을 똑똑히 기억한다. 사람들은 어차피 쓸 돈이라면 신용카드를 사용해서 소득공제 혜택을 받는

걸 당연한 일로 생각했다. 그런데 문제는 신용카드를 사용하면 지갑에서 돈이 빠져나가는 게 당장 눈에 보이지 않기 때문에 소비에 대해 무감각해지고, 현금을 쓸 때에 비해 소비가 늘어날 수밖에 없다는 점이다. 그 결과 소득공제로 세금을 절약하더라도 그 이상의 돈을 낭비해버리기 일쑤다.

또한 신용카드 소득공제 제도가 도입된 초창기에는 많은 직장인들이 신용카드를 많이 사용하면 그만큼 세금을 절약할 수 있다고만 알고 있을 뿐, 정작 자신이 얼마나 소득공제 혜택을 받는지 모르는 경우가 태반이었다. 그래서 일단 열심히 신용카드를 사용하고 보자는 생각을 하는 사람들이 많았다. 뿐만 아니라 열심히 신용카드를 사용하고도 증빙자료를 제대로 챙기지 못해 세금을 돌려받지 못하는 경우도 많았다.

그 이후 소득공제 관련 정보가 누구나 쉽게 접근할 수 있게 확산됐고, 국세청이 2006년부터 시행한 연말정산간소화 서비스로 인해 증빙자료를 챙기지 못하는 문제도 많이 해소됐다. 하지만 수시로 바뀌는 소득공제 제도 때문에 지금도 여전히 신용카드를 사용하면 얼마나 세금을 절약할 수 있는지 제대로 알지 못하고 열심히 긁기만 하는 사람들이 많다.

정부는 2008년 글로벌 금융위기 이후 수면 위로 급부상한 가계부채의 증가를 막기 위해 국민들이 신용카드 대신 체크카드를 사용하도록 장려하고 있다. 그 일환으로 본래 동일하게 적용했던 신용카드와 체크카드의 소득공제율을 2010년부터 차등화하기 시작했는데, 2014년 현재 현금영수증 및 체크카드 사용분에 대해서는 소득공제율 30%를 적용하고 신용카드 사용분에 대해서는 소득공제율 15%를 적용한다. 이것은 체크카드만 사용할 때 절약할 수 있는 세금이 신용카드만 사용할 때의 2배라는 뜻이다. 다시 말하면 신용카드를 잘라버리고 체크카드만 사용하면 불필요하게 새는 돈과 필요 이상으로 낭비되는 돈을 줄일 수 있는 동시에, 신용카드만 사용할 때에 비해 2배의 세금을 절약할 수 있다. 다만 체크카드만 사용하더라도 소득공제를 더 받기 위해 불필요한 소비를 늘리는 어리석음을 범하지는 말아야 한다. 일단 체크카드를 사용해 1년 동안 돈을 계획적으로 쓰고 나서 다음 해 연말정산 때 가능한 만큼 소득공제를 받겠다고 생각하는 게 현명하다.

그런데 최근 신용카드와 체크카드의 소득공제율이 차등화되면서 언론과 방송을 통해 '카드재테크'라는 게 자주 소개되고 있다. 카드재테크의 요지는 이렇다. 신용카드와 체크카드(현금영수증 포함) 사용금액의 합계가 연간 총 급여의 25%를 초과하지 않으면 소득공제를 한 푼도 받지 못하기 때문에 소득의 25%까지는 신용카드를 사용해서 포인트 적립과 할인 혜택을 받고, 신용카드 사용금액이 소득의 25%를 넘어서는 시점부터는 소득공제율이 높은 체크카드를 사용하라는 것이다.

예를 들어 연봉이 4000만 원인 경우 신용카드와 체크카드 사용 금액의 합계가 연봉의 25%인 1000만 원을 초과해야 소득공제를 받을 수 있다. 따라서 일단 소득공제가 되지 않는 1000만 원까지는 신용카드를 사용해서 할인 혜택을 받고, 신용카드 사용금액이 1000만 원을 초과하는 시점부터 체크카드를 사용해서 소득공제율을 높이라는 뜻이다.

이러한 카드재테크는 계산상으로는 상당히 합리적이고 현명한 소비 방법인 것처럼 보인다. 하지만 문제는 우리의 소비체질이 계산대로 쉽게 바뀌지 않는다는 사실이다. 특히 신용카드를 사용하다가 체크카드로 바꾸려면 확고한 결심이 필요하다. 뿐만 아니라 확고히 결심하더라도 그 전에 사용한 신용카드 대금을 한 번에 털어내지 못하면 할 수 없이 계속 신용카드를 사용할 수밖에 없다. 즉, 연봉의 25%만큼 소비할 때까지 매일 신용카드를 사용하다가 소득공제 몇 푼 더 받겠다고 어느 날 갑자기 체크카드로 소비습관을 바꾸기는 생각보다 훨씬 더 어렵다는 뜻이다. 당신이 방금 소개한 카드재테크를 한번 시도해보겠다면 나는 굳이 말릴 생각이 없다. 하지만 10년 이상 수많은 사람들의 소비습관을 관찰해온 내가 판단할 때 당신은 카드재테크에 실패하게 될 가능성이 매우 높다. 그리고 신용카드 할인 혜택과 소득공제, 그 두 마리 토끼를 잡기보다는 불필요한 소비만 더 늘어나서 오히려 마이너스재테크로 한 해를 마무리하게 될 수도 있다.

자영업자의 소비체질 관리

수입(매출-비용)이 불규칙한 개인사업자(자영업자)와 프리랜서는 매월 고정적인 급여를 받는 직장인에 비해 계획적으로 돈을 관리하는 데 훨씬 더 애를 먹는 경우가 많다. 특히 개인사업자는 하루 24시간이 모자랄 만큼 경영에 몰두하는 경우가 많기 때문에 사업 이외의 일에는 좀처럼 신경 쓰기가 어려운 게 사실이다. 마케팅, 판매관리, 거래처관리, 고객관리, 직원관리, 각종 세금 신고 및 납부 등 아무리 작은 규모의 사업체를 운영하더라도 사업자가 신경 써야 하는 일은 한두 가지가 아니다. 그러다 보니 몸이 부서지도록 돈을 열심히 벌기만 하고 관리를 제대로 못하는 경우가 다반사다. 뿐만 아니라 그렇게 애써 번 돈을 사업이 잘될 때는 사업을 확장하는 데 전부 갖다 쓰고, 사업이 안될 때는 부족한 사업자금을 메우는 데 전부 갖다 쓰는 경우도 많다. 그래서 많은 사업자들이 사업이 잘되나 안되나 남는 돈이 없다고 말한다. 그러다가 경기가 안 좋아지거나 경영난으로 인해 사업체가 문을 닫기라도 하면 온 가족이 길거리로 나앉을 만큼 매우 곤란한 처지가 되는 경우도 있다. 많은 직장인들이 40대~50대에 퇴직하고 개인사업에 뛰어드는 실상을 생각하면 현재 우리나라 직장인의 상당수는 잠재적인 개인사업자라고 봐도 무리가 아닐 것이다. 따라서 당신이 현재 안정적인 직장에 다니는 중이라고 해도 개인사업자의 이야기를 남의 사정으로만 들을 일은 아니다.

현재 사업체에서 적정한 이익이 발생하고 있다는 전제하에 말하면 개인사업자가 수입을 관리할 때 가장 먼저 해야 할 일은 수입을 사업자금과 가계자금으로 분리하는 것이다. 즉, 수입 중 '사업 경비로 쓸 돈'과 '가계로 넘겨서 집에서 생활비로 쓰고 저축할 돈'을 분리한 뒤 별도의 관리를 해야 한다는 뜻이다. 그리고 사업이 잘되든 안되든 일단 가계로 넘어간 돈은 가급적 다시 사업체로 넘어오지 않도록 해야 한다. 그래야만 사업이 흥하든 망하든 수중에 돈이 모인다. 이를 위해서는 개인사업자도 직장인처럼 특정한 날짜를 월급날로 정해서 자신에게 고정적인 급여를 지급하면 돈을 관리할 때 매우 효과적이다.

예를 들어 사장님인 당신의 월급날을 21일로 정해서 매달 200만 원씩 자신에게 급여를 지급한다고 가정해보자. 직장인으로 따지면 연봉이 2400만 원인 셈이다. 이 경우 그동안 사업해서 번 돈 중 2400만 원을 CMA통장에 입금해두고 급여통장도 하나 개설해둔다. 그리고 매달 21일에 CMA통장에서 급여통장으로 200만 원씩 자동이체를 걸어두면 된다. 그렇게 지급된 급여를 사업과 무관한 개인적인 소비를 할 때나 가정에서 생활비로 사용한다. 그리고 사업과 무관한 주택자금, 교육자금, 노후자금 등 목돈을 모으거나 주택대출 등 사업과 무관한 부채를 상환하는 데도 사용한다. 12개월 뒤에는 CMA통장에 약간의 이자만 남게 될 것이다. 그러면 또다시 연봉 2400만 원을 CMA통장에 넣어두기만 하면 계속 지정된 날짜에 급여통장으로 200만 원씩 자동이체가 된다.

당장 1년 치 연봉을 한꺼번에 입금해둘 형편이 안된다면 기간을 쪼개서 실행하면 된다. 예를 들어 3개월마다 600만 원을 CMA통장에 입금해두고 급여통장으로 매달 200만 원씩 자동이체를 걸어두기만 하면 역시 동일한 효과를 얻게 된다. 이와 같은 방법으로 수입 중 일부는 사업자금으로 남겨두고 일부는 가계자금으로 넘길 수 있다.

그리고 사업자금으로 남겨둔 돈은 사업을 확장하거나 사업경비에 사용하기 위해 가계자금과 별도로 관리해야 한다. 또한 해마다 한두 번 이상 사업소득을 결산해서 수입의 변동에 따라 사장님의 급여를 높이거나 낮추는 방법을 통해 사업자금으로 남길 돈과 가계자금으로 넘길 돈의 균형을 맞춰야 한다. 사업이 잘돼야 가계로 넘길 돈이 생기므로 사업자금으로 남길 돈을 우선 고려한 뒤 자신의 급여를 결정해야 계획적으로 돈을 관리하는 데 무리가 없을 것이다. 그리고 개인사업자도 새거나 낭비되는 돈을 줄여 목돈을 만들기 위해서는 사업과 무관한 소비를 할 때 체크카드와 현금만 사용하는 게 바람직하다.

마이너스통장은
마이너스인생의 지름길

정해진 대출한도 범위 내에서 실제로 인출한 금액에 대해서만 이자를 지불하면 되는 마이너스통장은 신용카드 못지않게 많은 사람들이 빚으로 인식하지 못하는 대출상품이다. 통장에 돈이 없어도 인출할 수 있다는 점만 빼면 다른 입출금통장과 별 차이가 없는 것 같기 때문이다. 그래서 마이너스통장을 급여계좌로 사용하는 사람들도 많다. 마이너스통장을 만든 사람들은 대개 대출한도가 가득 차고 나서야 그것이 갚아야 할 빚이라는 사실을 제대로 깨닫게 된다.

　나도 직장생활을 하던 10여 년 전에 마이너스통장을 만든 적이 있다. 직장 동료가 비상금 용도로 은행에서 마이너스통장을 만들었다고 해서 그런 통장이 있다는 사실을 처음 알게 된 나는 바로 은행에 들러 마이너스통장을 만들었다. 통장의 잔액이 0원인데 입금을 하지 않고도 돈을 인출할 수 있다는 사실이 당시에는 좀처럼 이해가 되지 않았다. 마치 공돈이 생긴 것 같은 느낌마저 들었다. 이후 돈이 필요할 때마다 조금씩 인출해서 쓰고 월급날에 잔액을 채워 넣곤 했다. 마이너스통장의 거래내역을 정리해보면 매달 빠져나간 이자가 표시되는데, 보통 몇천 원 정도였고 많아도 1~2만 원 정도였던 것으로 기억한다. 그렇게 대출이자가 푼돈처럼 느껴지다 보니까 마이너스통장에서 인출한 돈이 정말 내 돈처럼 느껴졌다. 그런데 1년쯤 지나자 마이너스 잔액이 몇 달 치 월급만큼 불어났고, 통장 만기가 있다는 사실을 까맣게 잊고 지내다가 은행 직원이 전화를 해서 만기가 가까워오는데 어떻게 할 거냐고 묻기에 화들짝 놀랐다. 마이너스통장에 채워 넣을 돈이 없었기 때문에 어쩔 수 없이 만기 연장을 신청했다. 이후에도 마이너스 잔액을 다 갚지 못하고 지내다가 회사를 이직하면서 받은 퇴직금으로 겨우 대출금을 전부 상환할 수 있었다. 그동안 나는 마이너스통장을 사용하다가 비슷한 경험을 한 사람들을 여러 명 만났다.

마이너스통장이라는 게 참 희한한 점이 있는데, 통장을 만들고 푼돈이라도 일단 인출해서 사용하기 시작하면 마이너스 잔액이 계속 불어나고 늘어난 잔액은 좀처럼 줄어들지 않는다는 것이다. 그래서 마이너스통장을 갖고 있는 많은 사람들이 대출금을 갚지 못하고 1년마다 만기 연장을 신청한다. 그러다가 직장을 그만두거나 더 이상 만기 연장을 못하게 되면 갚을 돈을 구하지 못해 발을 동동 구른다. 이처럼 사람들이 마이너스통장의 덫에 걸리는 이유는 신용카드의 덫에 걸리는 이유와 크게 다르지 않다. 당장 급하게 목돈이 필요해서 마이너스통장을 만들지 않는 이상 마이너스통장이 빚으로 인식되지 않기 때문이다.

처음에는 급할 때 사용할 생각으로 만들지만, 시간이 지나면서 급하지 않더라도 잠깐 쓰고 채워 넣자는 생각이 들어 마이너스통장에 손을 대기 시작한다. 그리고 시간이 지남에 따라 마이너스의 덫이 발목을 조여오지만 서서히 진행되기 때문에 통증을 느끼지 못한다. 그러다가 덫에 걸렸구나 싶을 땐 발을 빼기에 이미 너무 늦어버린다. 이후 통장 만기일이 돌아올 때마다 만기 연장이 되지 않으면 어떡하나 노심초사하게 된다. 이런 문제를 겪지 않으려면 마이너스통장은 아예 만들지 않는 게 상책이다. 비상금 용도로도 마이너스통장을 만들 생각을 하지 말고 평소에 조금씩 저축해서 예비자금을 확보해두는 게 바람직하다.

하지만 살다 보면 급하게 꼭 돈을 써야 하는데 달리 방법이 없는 경우가 생길 수 있다. 그런 때는 신용카드 현금서비스나 카드론 등을 이용하기보다는 은행에 들러 대출 자격이 되는지 확인하고 마이너스통장을 만드는 게 낫다. 마이너스통장이 신용카드 현금서비스나 카드론 등에 비해 상대적으로 대출 금리가 낮고 상환 기간도 여유가 있기 때문이다. 그 대신 미리 상환 계획을 충분히 검토한 뒤에 돈을 인출해야 한다. 그리고 아무리 많은 돈이 필요하더라도 마이너스통장에서 빠져나가는 대출이자가 연체되지 않도록 대출한도의 최대 80~90% 이내에서 돈을 인출해야 한다. 그리고 밥을 굶을지언정 대부업체와 사채업자의 돈에는 손을 대지 말아야 한다. 최근 불법 대부업체와 사채업자가 난립하고 있는데 그런 돈에 손을 댔다가 자칫 잘못하면 개미지옥에 빠진 것처럼 아무리 발버둥을 쳐도 빠져 나올 수 없는 고통을 겪게 된다. 꼭 불법 업체가 아니어도 마찬가지다. 잠시 급한 불은 끌 수 있을지 몰라도, 그들이 받아 챙기는 살인적인 이자와 폭력적인 채권추심행위는 벼랑 끝에 매달린 사람을 결국 벼랑 아래로 밀어내고야 만다. 그런 돈이라도 써야 하는데 어떻게 하냐고 내게 따진다면, 미안하지만 할 말은 없다. 하지만 잠시 고통을 잊기 위해 진통제 대신 독약을 마실 수는 없지 않은가?

친구를 잃게 만드는 빚

내가 총각일 때 빚 때문에 멀어진 친구와 지인들이 몇 명 있다. 모두 내가 돈을 빌려주고 제대로 받지 못한 경우다. 나도 대학에 다니는 동안 주머니 사정이 너무 궁해서 여러 친구와 선후배에게 돈을 빌려 쓴 경험이 있기 때문에 사람이 경제적으로 곤란할 때 작은 돈이라도 그 도움이 얼마나 큰 것인지 잘 알고 있다. 그래서 취업을 한 뒤에는 나에게 돈을 빌려달라는 친구나 지인에게 별 고민 없이 돈을 빌려주었다. 친구니까 도와줘야 한다는 생각이 들었기 때문이다. 그런데 그중에는 나를 힘들게 하는 사람들이 종종 있었다.

한 친구가 급하게 돈이 필요하다고 나에게 도움을 청했다. 하지만 당시 내게도 돈이 없을 때여서 신용대출을 받아서 돈을 빌려주었다. 그런데 돈을 갚기로 한 날짜가 지나도록 그는 돈을 갚지 않았다. 하지만 친구 사이기에 독촉할 수도 없었다. 그렇게 그는 1년이 넘도록 돈을 갚지 않았고, 얼마 후 나에게 정말 급한 일이 생겨서 하는 수 없이 돈을 갚아달라는 이야기를 꺼냈다. 그러자 그는 미안하다며 며칠 뒤 은행 계좌로 돈을 보내왔다. 그런데 그 친구가 원금만 준 것이다. 그도 내가 금리가 비싼 신용대출을 받아서 돈을 빌려준 것을 알고 있었지만 그동안 내가 갚았던 이자에 대해서는 아무 말도 없이 원금만 보냈다. 솔직히 친구에게 이자까지 받을 생각은 전혀 없었다. 하지만 막상 친구가 그렇게 나오니 서운한 기분이 드는 것은 어쩔 수 없었다.

또 다른 지인은 돈을 빌려간 뒤 갚을 생각을 하지 않고 이 핑계

저 핑계를 대면서 나를 피했다. 그러면서 어디서 돈이 났는지 자신에게 필요해 보이는 건 전부 다 사고 있었다. 그런 그가 얄미워 수시로 독촉을 했음에도 불구하고 돈을 전부 받아내는 데 3년이 넘게 걸렸다. 또 한 지인은 내게서 돈을 빌려간 뒤 잠수를 해버렸다. 이후 10년이 지나도록 그의 소식을 듣지 못했다. 그 외에도 비슷한 경험을 몇 번 더 했다.

나중에 깨달았지만 그렇게 돈을 빌려간 사람들이 돈을 못 갚는 이유는 매우 단순하다. 나는 대학에 다닐 때 집안의 경제 사정이 매우 좋지 않아서 방학 때는 물론, 학기 중에도 틈만 나면 돈을 벌러 다녔다. 그러다가 몸이 아파서 한동안 아르바이트를 하지 못한 적이 있었는데, 당장 밥 사 먹을 돈도 없어서 과 친구들과 선후배에게 5000원, 1만 원씩을 빌렸던 적이 있다. 돈을 빌려준 입장에서는 푼돈일 수 있지만, 내 입장에서는 그렇게 20명이 넘는 사람들에게서 돈을 빌리자 갚기 힘든 목돈이 돼버렸다. 그렇게 한 학기가 다 지나가도록 돈을 갚지 못하고 지내다가 방학을 며칠 앞두고 겨우 갚을 수 있었다.

내가 친구들에게 조금씩 빌렸던 것과 마찬가지로, 내게서 돈을 빌려갔던 사람들 역시 나뿐만 아니라 다른 친구나 지인에게서도 그런 식으로 돈을 빌렸을 것이다. 그 전에 이미 은행이나 카드사에서 받은 대출이 가득 찼음은 말할 것도 없다. 그렇게 여기저기서 돈을 끌어 쓰다가 그게 결국 1000만 원이 넘는 목돈이 되니 더욱 갚기 힘들어진 것이다.

나는 그런 경험을 몇 번 한 뒤부터 친구나 지인에게 돈을 빌려주지 않았다. 그것이 서로간의 신뢰와 관계를 지키는 일이라고 생각했기 때문이다. 하지만 정말 급하게 도움을 청하는 친구가 있고 내가 그를 신뢰하는 경우에는 아예 받지 않을 생각으로 적당히 돈을 빌려주었다. 그런데 재미있는 사실은 그런 친구는 시간이 오래 걸리더라도 꼭 돈을 갚았다. 돈을 빌려간 뒤 제때에 갚지 못해도 늘 자신이 먼저 나에게 연락해 안부를 묻고 이런저런 사정으로 돈을 못 갚고 있으니 미안하다고 말하는 친구도 있다. 그런 친구 역시 언제고 돈을 꼭 갚는다. 똑같은 세상에서 살지만 사람들이 사는 모습은 그렇게 다르다. 어쨌든 친구 사이의 우정을 지키고 좋은 관계를 오래 유지하고 싶다면 돈을 빌려주지 말고 빌리지도 않는 게 현명한 방법인 것 같다.

3장

3개의 카드 시스템 만들기

소비체질 개선을 준비하라

나는 책의 서두에서 계획적인 소비생활을 하는 데 매우 효과적인 '3개의 카드 시스템'을 소개한다고 밝혔다. 그리고 3개의 카드 시스템을 '단순하면서도 효과적인 소비체질 개선 프로젝트'로 정의했다. 그런데 지금껏 신용카드를 잘라버리라고 실컷 말해놓고 이번에는 카드를 3개씩이나 쓰라고 하면 뭔가 이상하다고 생각할지도 모르겠다. 사실 계획적이고 절제된 소비생활을 하려면 신용카드는 물론 체크카드도 잘라버리고 지갑에 현금만 넣고 다니는 것이 가장 효과적일 것이다. 하지만 지갑에 돈이 바닥날 때마다 돈을 찾으러 은행에 가는 것은 매우 번거로운 일이고, 카드 사용의 편리함 역시 무시할 수 없는 게 사실이다. 이 책의 전반에 걸쳐 줄곧 이야기하는 "계획적으로 소비한다"는 것은 "계획적으로 카드를 사용한다"는 말과 유사한 의미를 갖고 있다. 그리고 3개의 카드 시스템은 계획적으로 카드를 사용하는 데 매우 유용한 수단이다.

3개의 카드 시스템을 활용하려면 먼저 다음의 두 가지 준비가 선행돼야 한다. 첫째는 체크카드의 지출한도를 정해 사용하는 것이고, 둘째는 지출한도를 초과할 때 사용하기 위한 예비자금을 확보하는 것인데 지금부터 하나씩 상세히 살펴보자.

체크카드, 지출한도를 정하고 사용하라

신용카드를 잘라버리고 체크카드만 사용하더라도 돈을 계획적으로 쓰는 게 생각처럼 쉽지 않을 수 있다. 특히 통장의 잔액한도 내에서만 결제가 가능한 체크카드를 사용하더라도 수시로 통장에 돈을 부어가면서 쓰면 신용카드를 사용하는 것과 큰 차이가 없다. 그리고 신용카드를 잘라버린 사람들 대다수가 실제로 체크카드를 그런 방식으로 쓴다. 물론 신용카드를 잘라버리는 것만으로도 낭비되는 돈은 줄어들게 마련이다. 왜냐하면 외상거래를 할 수 없어 돈을 쓸 때 자신의 지갑 사정에 대해 한 번이라도 더 생각하기 때문이다. 그리고 통장 잔액이 부족하면 돈을 쓰고 싶어도 쓸 수가 없다. 하지만 그동안 연인처럼 지내온 신용카드와 결별하고 기왕에 새 출발을 했다면 그 이상의 효과를 얻어야 하지 않겠는가? 신용카드를 잘라버린 뒤 매월 지출한도를 정해 체크카드를 사용하는 습관을 들이면 불필요하게 새는 돈과 필요 이상으로 낭비되는 돈을 줄여 빠르게 목돈을 모을 수 있다. 이제부터 좀 더 구체적으로 살펴보자.

우리가 1만 원짜리 한 장으로 며칠을 지낼 수 있을까? 나의 경우 하루를 지내기도 어렵다. 아마 당신도 마찬가지일 것이다. 아침에 출근할 때 교통비 쓰고 낮에 점심 사 먹고 커피 한잔을 마시거나 담배 한 갑을 사고 나면 몇 푼 남지 않는다. 저녁에 퇴근할 때 교통비라도 남아 있으면 다행이다. 내가 초등학생이던 30년 전에는 버스요금이 50원, 자장면 값이 500원 정도였던 것으로 기억한다. 그동안 물가상승으로 인해 돈의 가치가 참 많이도 떨어졌다. 오래 전에 MBC에서 했던 〈만 원의 행복〉이라는 예능방송이 있었다. 연예인 두 사람이 출연해 1만 원으로 1주일 동안 살아보기 게임을 해, 1주일 뒤에 잔액이 많은 사람이 게임에서 승리한다는 내용이다. 1만 원으로 1주일을 산다는 게 예능방송이니까 가능하지 현실에서는 사실상 불가능에 가까운 게임이었다. 아마 출연자들은 단 1주일 동안이라도 돈의 소중함을 절실히 느껴볼 수 있는 좋은 기회였을 것이다.

그런데 나는 그 방송을 보면서 이런 생각을 해봤다. 만약 그들에게 1만 원이 아닌 2만 원씩 주고 1주일 동안 살아보라고 했다면 그들이 1주일 동안 1만 원보다 돈을 더 썼을까, 아니면 덜 썼을까? 당신의 생각은 어떤가? 나는 그들이 분명히 1만 원보다 돈을 더 썼을 것이라고 확신한다. 왜냐하면 1만 원이 아닌 2만 원에 맞춰서 1주일 동안 살아보려고 노력했을 것이기 때문이다. 만약 3만 원씩 줬다면 3만 원에 맞춰 돈을 더 썼을 것이다. 인간의 심리는 묘한 것 같다. 내가 가진 돈이 1만 원뿐이라면 어떻게든 1만 원에 맞춰 쓰려 하고 2만 원이 있으면 2만 원에 맞춰 쓰려고 노력한다. 사람들은 대개 누가 시키지 않아도 일단 자신의 한계에 적응해보려고 노력한다. 만약 우리가 그런 심리를 실제로 소비생활에 활용한다면 돈을 계획적으로 쓰는 데 분명히 도움이 될 것이다. 그리고 우리 모두는 적당한 한계를 스스로 정하고 그것에 적응하며 살아갈 수 있다. 그래서 매월 지출한도를 정하고 돈을 쓰자고 말하는 것이다.

지출한도를 정하라는 말은 허리띠를 졸라매라는 뜻이 아니다. 예산을 정하고 그 예산 범위 내에서만 돈을 쓰라는 뜻이다. 그 예산이 매월 100만 원이든 200만 원이든 자신의 여건을 고려해서 적당히 정하면 된다. 그리고 그렇게 자신에게 스스로 예산이라는 구속력을 행사하면 계획적이고 절제된 소비생활을 하는 데 정말 큰 도움이 된다.

그러면 이제 지출한도를 정하는 방법에 대해 알아보자. 이를 위해 우선 지출의 종류를 특성별로 나눠야 하는데, 지출의 종류는 크게 4가지로 구분해볼 수 있다.

지출의 종류

① 공적지출: 소득에 비례해 의무적으로 지출하는 비용

예) 소득세, 국민연금보험료, 건강보험료 등

② 계절성지출: 1년에 한두 번 특정 시기에 지출하는 비용

예) 자동차세, 자동차보험료, 재산세, 명절·제사비(설, 추석, 제사 등), 휴가비(여름휴가, 연말휴가 등), 가족행사비(가족생일, 결혼기념일, 어린이날, 어버이날, 크리스마스 등) 등

③ 고정지출: 매월 한 번씩 지정된 날짜에 자동이체(또는 고지서) 방식으로 지출하는 고정비용

예) 아파트관리비, 월세, 각종 공과금(가스비, 전기비등), 통신비(인터넷요금, 전화요금 등), 보장성보험료(종신보험, 정기보험, 암보험, 의료실비보험 등 사망, 질병, 상해에 대비해 가입한 보험), 대출금 이자·원리금, 자녀교육비(매월 지출하는 경우) 등

④ 변동지출: 앞의 3가지 지출 이외에 매일, 매월 수시로 지출하는 생활

비나 용돈

예) 식비, 외식비, 문화생활비, 세탁비, 피복비, 품위유지비, 교통비, 유류비, 여가비, 자녀용돈 등

4가지 지출 중 공적지출의 각 항목은 당신의 마음대로 한도를 정할 수 없기 때문에 지출한도를 정할 때 포함시키지 않는다.

계절성지출의 각 항목은 매일 또는 매월 수시로 지출하는 비용이 아니기 때문에 역시 지출한도를 정할 때 포함시키지 않아도 괜찮다. 그 대신 다음에 소개할 예비자금에 계절성지출의 예산을 반영해서 관리하면 된다.

고정지출의 각 항목을 살펴보면 매월 변동폭이 일정하거나 크지 않기 때문에 평소 지출총액을 예상하기가 쉽다. 하지만 그것의 한도를 당신의 마음대로 정해서 쓰기에는 어려운 점이 있다. 예를 들어 아파트관리비나 대출금 이자의 한도를 다음 달부터 당신이 결정할 수는 없기 때문이다. 따라서 고정지출의 경우 매월 평균적인 지출총액을 파악하고 변동폭을 관찰하는 것 이상의 적극적인 관리가 어렵다. 따라서 고정지출도 지출한도를 정할 때 포함시키지 않는다. 다만 고정지출 중 가스비, 전기비, 통신비 등을 지나치게 많이 쓰고 있다고 판단되면 생활습관을 바꾸는 노력으로 줄여야 할 것이다. 또한 보장성보험료가 지나치게 많이 나간다고 판단되면 보

장내용이 중복되는 보험을 선별해 해약하거나 보험료를 감액해서 줄여야 하며, 대출금 이자가 지나치게 많이 나간다고 판단되면 대출원금의 일부를 상환하거나 금리가 낮은 다른 대출로 갈아타서 줄이는 수밖에 없다.

변동지출의 지출총액과 변동폭은 당신의 소비체질에 크게 영향을 받기 때문에 한도를 정해서 쓰지 않으면 새거나 낭비되는 돈이 쉽게 늘어난다. 반면에 줄이려고 마음먹으면 다른 종류의 지출에 비해 줄일 수 있는 여지가 많이 생긴다. 따라서 지금껏 내가 말한 지출한도를 정하는 일은 변동지출의 한도, 즉 당신이 매일 또는 매월 수시로 쓰는 생활비의 한도를 정하라는 뜻이다. 지출(변동지출 또는 생활비 또는 용돈)의 한도를 정할 때는 보통 1개월을 기준으로 정하면 편리하지만 1주일, 보름 등 당신에게 편리한 기간을 기준으로 정해도 괜찮다.

매월 지출한도를 정해서 돈을 쓰려면 먼저 당신이 매월 평균적으로 지출하는 돈이 얼마인지 따져봐야 한다. 이를 위해 지난 3개월 동안의 카드 사용내역과 각종 영수증을 확인해서 식비, 외식비, 문화생활비, 교통비, 기름값, 세탁비 등 지출 내역을 파악하고 3개월 동안의 지출총액을 구한다. 이때 현금으로 지불한 뒤 영수증을 챙기지 못한 지출 내역은 대략 기억나는 것만 파악해도 된다. 그다음 3개월 동안의 지출총액을 3으로 나누어 1개월 평균 지출액을 구한다. 그리고 그것의 90% 정도를 매월 지출한도로 정하면 무난할 것이다. 예를 들어 지난 3개월 동안의 지출총액이 300만 원이라고 가정하면 당신은 지난 3개월 동안 월평균 100만 원을 지출한 것이다. 그러면 그것의 90%인 90만 원을 매월 지출한도로 정해보라는 뜻이다. 만약 당신이 평소에 충동적인 소비를 자주 하거나 필요 이상으로 낭비하는 돈이 많아서 고민하고 있다면 지출한도를 그보다 더 낮은 비율, 예를 들면 80%나 70% 등으로 정하면 된다.

만약 그런 과정이 어렵게 느껴져서 골치가 아프다면 단순하게 접근하는 것도 괜찮다. 예를 들어 지난 3개월 동안의 카드대금 청구서를 확인해서 1개월 평균 카드 사용금액을 구하고 그것의 90%를 지출한도로 정하면 된다. 그리고 매월 그 한도 범위 내에서 돈을 쓰기 위해 노력하면서 몇 개월 동안 시행착오를 거치다 보면 당신에게 적당한 지출한도가 얼마인지 찾아낼 수 있을 것이다.

지금 바로 지출한도를 정해보자.

① 지난 3개월 동안의 변동지출 총액이 얼마인가?

② 1개월 평균 지출액은 얼마인가?

③ 1개월 평균 지출액의 몇 %를 한도로 정할 것인가?

④ 당신이 정한 지출한도는 얼마인가?

: 예비자금, 지출한도를 초과할 때 사용하라

당신은 그동안 살아오면서 예기치 못한 일로 급하게 목돈 쓸 일이 생겨서 곤란했던 경험이 있는가? 내가 말하는 목돈은 작게는 수십만 원일 수도 있고 많게는 수백만 원일 수도 있다. 누구나 살다 보면 그런 경험을 종종 하게 된다. 그때 수중에 현금이 충분히 있다면 문제가 없지만 그렇지 않을 경우 사람들이 문제를 해결하는 방법은 대체로 비슷하다. 마이너스통장, 신용대출, 카드론, 신용카드 현금서비스, 예금담보대출 등 빚을 내서 해결하거나 예금, 적금, 펀드, 보험 등 그동안 열심히 저축해온 것을 해약한다. 그때마다 얼마나 많은 돈이 새고 낭비되는지 한번 생각해보자.

우선 빚이 생기면 이자를 지불해야 한다. 그리고 사람들이 급할 때 이용하는 빚은 대체로 금리가 비싼 신용대출이다. 그때 지불하는 비싼 이자는 전부 버리는 돈이나 마찬가지다. 물론 대출이 반드시 나쁘다고 말하는 건 아니다. 재무설계 과정에서 중요한 재무목표를 달성하기 위해 꼭 필요하다면 대출을 이용하는 것은 중요한 재무활동 중 하나로 본다. 단, 대출받은 돈을 투기적인 목적에 사용하지 말아야 하며 상환능력에 무리가 없도록 상환계획을 미리 세운 뒤에 대출을 받아야 한다. 하지만 지금 여기서 말하는 상황은 평소에 조금만 신경 써서 대비했다면 굳이 대출을 받을 필요가 없는 데 대비하지 못했기 때문에 어쩔 수 없이 대출받는 경우를 말한다. 그런 경우에 지불하는 이자는 전부 버리는 돈이나 마찬가지라는 뜻이다.

또한 만기가 되기 전에 예금, 적금 등을 중도에 해지하면 약속된 이자를 받지 못한다. 그 이자가 본래 누구의 것인가? 그동안 열심히 저축해온 나의 것이다. 하지만 중도에 해지하면 그 이자를 제대로 받지 못하기 때문에 그만큼 돈을 버리는 것이나 마찬가지다. 펀드, 보험 등도 마찬가지다. 이익이 난 상태에서 해지하면 그나마 괜찮은 편이지만 그렇지 못해 원금 손실이 생기면 그만큼 돈을 날려버리는 것이다. 그런 일을 종종 겪을 때마다 뭉텅이 돈이 버려지기 때문에 큰 손해가 생길 수밖에 없다. 따라서 그런 상황에 대비해 비상금 성격의 예비자금을 항상 보유하고 있어야 한다. 또한 매월 지출한도를 정하고 생활비를 쓰더라도 살다 보면 한도를 초과해서 돈을 써야 하는 일이 생기게 마련이므로 그때도 예비자금을 활용해야 한다.

비상금 성격의 예비자금은 통상 월 지출액(고정지출+변동지출)의 3배 이상, 즉 3개월분 이상의 지출액을 보유하도록 권장한다. 하지만 만약 그것이 어렵다면 1개월분의 생활비 또는 100만 원, 200만 원 등 형편이 허락하는 대로 예산을 정해서 보유하면 된다. 만약 지금 당장 비상금 성격의 예비자금을 확보하기 어려운 사정이라면

3~6개월 정도의 기간을 정해서 매월 조금씩 모아보자.

그리고 앞서 지출한도를 정할 때 포함시키지 않았던 계절성지출의 예산을 정해서 예비자금과 함께 묶어서 관리하는 게 편리하다. 계절성지출은 1년에 한두 번 특정 시기에 지출하는 비용을 말한다. 각종 고지서나 영수증을 꺼내 놓고 다음의 표를 참고해서 지난 1년 동안 자동차세, 자동차보험료, 재산세, 명절·제사비, 휴가비, 가족행사비 등을 얼마나 썼는지 파악해 합계를 구해보라. 정확하게 계산하지 않아도 되니까 너무 애쓸 필요는 없다. 대충따져 봐도 괜찮다. 아마 당신도 다른 사람들처럼 합계 금액이 커서 조금 놀라게 될 것이다.

계절성 지출 관련 주요 일정표

1월	2월	3월	4월
자동차세(선납분)	설 명절		

5월	6월	7월	8월
종합소득세 어린이날 어버이날	자동차세(제1기분)	재산세 (주택1/2, 건축물)	여름휴가

9월	10월	11월	12월
재산세(주택1/2, 토지) 추석 명절			자동차세(제2기분) 크리스마스 연말휴가

계산된 계절성지출의 1년 총액이 바로 매년 지출하게 될 계절성지출의 1년분 예산이 된다. 그 예산을 비상금 성격의 예비자금과 합해서 함께 관리하면 된다. 예를 들어 당신이 비상금 성격의 예비자금을 200만 원 보유하기로 결정했다고 가정해보자. 그리고 지난 1년 동안 지출한 계절성지출의 합계 금액이 총 300만 원이었다고 가정해보자. 그러면 비상금 200만 원과 계절성지출의 1년 분 예산 300만 원을 합해 총 500만 원을 예비자금으로 함께 관리하라는 뜻이다. 그리고 이번 달부터 계절성지출과 관련해 돈을 쓸 때는 그달의 소득에서 지출하지 말고 예비자금에서 꺼내 쓰도록 한다.

예를 들어 이번 달에 자동차보험이 만기가 돼 새로 보험료를 지불해야 한다고 가정해보자. 그러면 지난번처럼 그달의 소득에서 보험료를 지불하지 말고 예비자금 500만 원에서 꺼내 지불하라는 뜻이다. 이처럼 매년 시기마다 돌아오는 계절성지출을 그달의 소득에서 지출하지 말고 미리 모아둔 예비자금에서 지출하는 습관을 들이면 돈을 계획적으로 쓰고 모으는 데 큰 도움이 된다.

만약 지금 당장 계절성지출의 1년분 예산만큼 예비자금을 보유할 형편이 안되더라도 문제될 것은 없다. 지금부터 형편이 되는 대로 조금씩 모아두면 되기 때문이다. 예를 들어 계절성지출의 1년분 예산이 300만 원이라면 그것을 12개월로 나누면 월평균 25만 원이다. 따라서 이번 달부터 향후 1년 동안 매월 25만 원씩 따로 저축하면 1년 뒤에는 예산 300만 원을 확보할 수 있다. 자금의 여유가 없더라도 처음 1년 정도만 노력하면 그다음 해부터는 매년 시기마다 돌아오는 계절성지출을 그달의 소득이 아닌 미리 모아둔 예비자금에서 꺼내 지출하는 습관을 만들 수 있다. 하지만 1년분의 계절성지출에 필요한 돈을 미리 모아서 쓰기가 정말 어려운 형편이라면 우선 비상금 성격의 예비자금만이라도 확보해 관리하고, 이후 추가 예산을 확보하기 위해 노력하면 된다.

지금 바로 예비자금의 예산을 정해보자.

① 1개월 평균 지출액(고정지출+변동지출)이 얼마인가?

② 1개월 평균 지출액의 3배가 얼마인가(또는 2배, 1배 등 형편이 허락하는 비상금의 예산)?

③ 직전 1년 동안 계절성지출의 총액이 얼마인가?

④ 당신이 정한 예비자금의 예산은 얼마인가(②비상금 예산+③계절성지출 총액)?

3개의 카드 시스템, 스타트!

3개의 카드란 '소비카드' '예비카드' '비상카드' 이렇게 3가지 종류의 카드를 말한다.

이는 특정 카드의 상품 명칭이 아니라 각 카드의 용도에 맞춰 '소비' '예비' '비상'이라고 이름을 붙여준 것이다. 여기서 소비카드와 예비카드는 '체크카드'고, 비상카드는 '신용카드'다. 나의 전작 『4개의 통장』을 읽은 독자라면 급여통장, 소비통장, 예비통장, 투자통장 등 통장의 용도를 구분해 각 통장에 이름을 붙여준 것을 기억하고 있을 것이다. 그처럼 3개의 카드도 용도를 구분해서 각 카드에 이름을 붙인 것이다.

3개의 카드 시스템 원리는 매우 단순하다. 소비카드는 매월 지출한도를 정하여 돈을 쓸 때 사용하고, 예비카드는 정해진 지출한도를 초과하여 돈을 써야 하는 경우와 비상금이 필요한 경우에 사용한다. 비상카드는 통장잔액이 부족해져 소비카드와 예비카드를 이용할 수 없는 경우에 사용한다. 이것이 3개의 카드 시스템의 기본적인 형태다.

이렇게 카드를 구분하여 사용하면 매월 지출한도를 정하여 통장의 잔액 범위 내에서 계획적으로 체크카드를 사용하는 습관을 들일 수 있고 계획에서 벗어난 경우, 다시 말해 지출한도를 초과해서 돈을 써야 하는 경우에도 쉽게 대처할 수 있다.

3개의 카드 시스템

소비카드 (체크카드)	예비카드 (체크카드)	비상카드 (신용카드)
용도	용도	용도
• 매일 생활비에 사용	• 생활비가 부족할 때 사용 • 비상금에 사용 • 계절성지출에 사용	• 소비카드 및 예비카드 이용 불가 때 사용

그러면 지금부터 각 카드의 용도와 활용 방법에 대해 하나씩 구체적으로 살펴보자.

수시로 사용하는 소비카드

'소비카드'는 앞서 정한 매월 지출한도에 맞춰 소비를 하기 위해 사용하는 '체크카드'를 뜻한다. 쉽게 말하면 공적지출, 계절성지출, 고정지출 이외에 매일, 매월 수시로 지출하는 생활비나 용돈을 쓰기 위해 사용하는 체크카드라는 뜻이다.

> • 소비카드: 매일, 매월 수시로 지출하는 생활비나 용돈을 쓰기 위해 사용하는 체크카드

이를 위해 은행의 저축예금(보통예금)통장이나 증권사의 CMA통장 등 입출금이 자유로운 수시입출금 통장을 1개 준비하고 그것을 소비카드의 결제계좌로 지정한다. 그리고 매월 한 번씩 편리한 날짜를 정해서 1개월분 생활비를 통장에 입금한 뒤 그때부터 소비카드를 사용해서 지출하거나 현금을 인출해서 지출한다. 예를 들어 당신이 매월 지출한도를 100만 원으로 정했다고 가정해보자. 그러면 매월 1일(또는 편리한 날짜)마다 소비카드가 연결된 통장에 100만 원을 입금하고 그때부터 소비카드와 현금으로 지출하라는 뜻이다. 그렇게 하면 돈을 쓸 때마다 통장의 잔액이 실시간으로 줄어들기 때문에 통장을 자주 들여다보는 습관이 자연히 생긴다. 왜냐하

면 다음 달 입금일이 돌아올 때까지 당신이 쓸 수 있는 돈이 얼마 남아 있는지 궁금해지기 때문이다. 즉, '오늘 잔액이 얼마 남았지? 이번 달이 며칠 남았지?' 궁금해서 통장의 잔액을 자주 확인하게 된다는 뜻이다.

예를 들어 당신이 이번 달 1일에 통장에 100만 원을 입금했는데 오늘 잔액을 보니 50만 원이 남았고 지갑에 현금이 10만 원이 남 았다면 총 얼마가 남은 것인가? 60만 원이 남은 것이다. 그러면 이 번 달 1일부터 오늘까지 총 얼마를 소비한 것인가? 40만 원을 소 비한 것이다. 그리고 다음 입금일까지 잔액 60만 원 이내에서 소비 할 수 있을지, 아니면 돈이 모자라게 될지 대충 예상해볼 수 있다.

신용카드를 사용하면 당장 필요한 대로 돈을 쓰고 한 달이 지나 서 확인하게 되지만 매월 지출한도를 정해서 소비카드와 현금으로 돈을 쓰면 지출하기 전에 먼저 생각하게 되고 지출하고 나서는 남 은 돈을 확인하는 습관이 들기 때문에 계획적이고 절제된 소비체 질을 만드는 데 정말 큰 도움이 된다. 나의 전작 『4개의 통장』 독자 를 위해 덧붙이면 소비카드는 4개의 통장 중 '소비통장'에 연결해 서 사용하면 된다.

예기치 못한 일에는 예비카드

'예비카드'는 예기치 못한 일이 생겨서 비상금을 써야 할 때와 1년에 한두 번 특정 시기에 지출하는 계절성지출에 돈을 써야 할 때 사용하는 '체크카드'를 말한다.

• 예비카드: 비상금과 계절성지출에 돈을 써야 할 때 사용하는 체크카드

이를 위해 증권사의 CMA통장 등 입출금이 자유로운 수시입출금 통장을 1개 준비하고 그것을 예비카드의 결제계좌로 지정한다. 은행에서 입출금통장을 만들 때 ATM기기의 현금인출 기능을 갖춘 체크카드를 함께 발급받을 수 있듯이 증권사에서 CMA통장을 만들 때도 ATM기기의 현금인출 기능을 갖춘 체크카드를 함께 발급받을 수 있다. 그리고 앞서 정한 예비자금의 예산을 CMA통장에 입금한 뒤, 그때부터 그 돈은 없는 돈이라고 생각하며 지낸다. 만약 지금 당장 예비자금을 확보하기 어려운 사정이라면 소액이라도 적금 붓듯이 매월 CMA통장에 돈을 적립해서 예비자금을 확보하면 된다.

예비자금은 내 돈이 아니라고 생각하고 평소에는 잊고 지내는 편이 좋다. 그러다가 다음의 3가지 경우가 생겼을 때에만 예비카드

를 사용하거나 현금을 인출해서 지출한다.

예비카드의 용도

① 소비카드가 연결된 통장의 잔액이 부족해져서 소비카드를 사용할
  수 없을 때

② 예기치 못한 일이 생겨서 급하게 비상금을 써야 할 때

③ 1년에 한두 번 특정 시기에 지출하는 계절성지출에 돈을 써야 할 때

쉽게 말하면 매일, 매월 수시로 지출하는 생활비는 지출한도를
정해서 소비카드로 돈을 쓰고, 부득이 그 한도를 초과해서 지출해
야 하는 상황에는 예비카드를 따로 만들어서 사용하라는 뜻이다.
이때 예비카드의 결제계좌로 사용하는 통장은 은행의 입출금통장
을 사용하기보다는 증권사의 CMA통장을 사용하는 게 좋다. 예비
카드가 연결된 통장에는 항상 일정 수준의 목돈(예비자금)이 차 있
어야 하므로 한 푼이라도 이자를 챙겨 받을 수 있는 증권사의 CMA
통장을 사용하는 게 유리하기 때문이다. 알다시피 은행의 수시입출
금 통장은 이자가 거의 생기지 않는다. 물론 은행에도 이자를 주는
수시입출금 통장이 있기는 하지만 잔액이 얼마 이상 돼야 이자를
주거나 입금 후 첫 1개월 동안은 이자를 주지 않는 등 이런저런 조
건이 붙어 있기 때문에 실익이 별로 없다. 반면에 증권사의 CMA통

장은 아무 조건 없이 시장 단기금리 정도의 이자가 매일 조금씩 생긴다. 소비카드가 연결된 통장은 매월 돈이 들어오고 빠져나가기를 반복하기 때문에 이자가 생기나 안 생기나 별 차이가 없지만 예비카드가 연결된 통장에는 항상 일정 수준의 목돈이 차 있어야 하기 때문에 단 하루를 맡겨도 이자가 생기는 CMA통장을 사용하라는 것이다.

그리고 예비카드와 연결된 CMA통장에는 항상 일정 수준의 잔액이 유지될 수 있도록 수시로 돈을 채워 넣어야 한다. 그렇지 않으면 언젠가 잔액이 부족해져 급할 때 예비카드를 사용하지 못할 수도 있기 때문이다. 잔액을 채워 넣는 방법도 어렵지 않다. 매월 급여를 받은 뒤 생활비를 쓰고 저축을 하고도 남는 돈이 있으면 예비카드가 연결된 CMA통장에 전부 입금하면 된다. 그리고 보너스나 성과급이 지급돼 평소보다 급여가 많이 들어온 달에는 그 돈을 전부 CMA통장에 입금하면 된다. 그런 식으로 매월 조금이라도 남는 돈이 생길 때마다 예비카드가 연결된 CMA통장에 수시로 입금하는 습관을 들이면 항상 일정 수준 이상의 잔액이 차 있게 된다. 그 외에 매월 적금 붓듯이 일정 금액이 급여통장에서 CMA통장으로 이체되도록 자동이체를 걸어두는 것도 좋은 방법이다. 하지만 저금리의 CMA통장에 너무 많은 돈을 넣어두는 것은 바람직하지 않기 때문에 CMA통장의 잔액이 예비자금의 예산을 초과하게 되면 일부를 인출해서 투자 중인 펀드, 예금, 적금, 연금 등에 추가 입금을 하거나 새로 금융상품에 가입해서 투자를 해야 한다. 『4개의 통장』 독자를 위해 덧붙이면 예비카드는 4개의 통장 중 '예비통장'에 연결해서 사용하면 된다.

현재 나는 예비자금을 관리하는 통장을 2개 갖고 있다. 하나는 예비카드가 연결된 CMA통장이고 또 다른 하나는 MMF통장이다. 그리고 MMF통장의 잔액이 CMA통장의 잔액보다 훨씬 더 많으며, CMA통장은 급할 때 쓸 수 있을 만큼만 잔액을 유지하고 있다. 다소 불편하지만 그렇게 하는 이유는 CMA통장에 연결된 예비카드를 행여나 분실 또는 도난당하여 부정하게 사용되거나 최근 급증하고 있는 피싱, 파밍 등의 사기 피해에 대비하기 위해서다. MMF통장 역시 CMA통장과 마찬가지로 하루 단위로 이자가 생기는 수시입출금 통장이지만 CMA통장처럼 체크카드나 신용카드의 결제계좌로 사용할 수 없고 온라인이나 폰뱅킹 송금도 할 수 없다. 따라서 예비카드가 부정하게 사용되더라도 최대 피해 금액은 예비자금의 총액이 아닌 CMA통장에 든 잔액에 한정된다. MMF통장은 CMA통장에 비해 돈을 인출하기가 매우 불편하지만 그것이 오히려 장점이 될 수 있다.

사실 증권사에서 판매하는 CMA나 MMF(은행도 판매)는 고객이 맡긴 돈을 채권 등에 투자하는 금융상품이기 때문에 은행의 예금과 달리 예금자보호가 되지 않으며, 원금 손실의 가능성이 존재한다. 원금 손실이 생길 수 있는 경우로는 채권이 부도 나는 경우, 채권가격이 떨어지는 경우, 증권사가 망하는 경우 등 크게 3가지 정도다. 하나씩 살펴보면 우선 CMA나 MMF는 정부, 지방자치단체, 공공기관, 한국은행, 공기업 등이 발행한(부도 위험이 거의 없는) 채권과 신용등급이 높은(부도 위험이 낮은) 채권에 투자하도록 규제되고 있다. 따라서 채권 부도에 따른 원금 손실 가능성은 매우 낮다. 그다음 채권의 부도 위험과는 상관없이 시중의 금리가 급등하면 채권 가격이 급락하는데 채권의 만기가 짧을 경우 채권 가격의 변동은 미미하다. 그리고 CMA와 MMF는 만기가 수개월 이내인 채권에 투자하도록 규제되고 있기 때문에 금리 변동에 따른 원금 손실 가능성 역시 매우 낮다. 끝으로 증권사가 고객의 돈으로 투자한 채권, 현금 등은 한국예탁결제원, 한국증권금융, 시중 은행 등에 예치되기 때문에 증권사가 망하더라도 고객의 자산은 안전하게 보존된다.

어쩔 수 없을 때 비상카드

'비상카드'는 소비카드가 연결된 통장과 예비카드가 연결된 통장 모두의 잔액이 부족해서 당장 돈을 쓸 수 없는 상황이 됐을 때 사용하는 '신용카드'를 말한다.

- 비상카드: 소비카드와 예비카드를 모두 사용할 수 없을 때 사용하는
  신용카드

매일, 매월 수시로 지출하는 생활비는 지출한도를 정해서 소비카드를 쓰고 부득이 그 한도를 초과해서 지출해야 할 때는 예비카드를 쓰면 된다. 그런데 경우에 따라서는 예비자금이 부족해서 예비카드도 사용하지 못하는 일이 생길 수 있다. 그런 상황에 대비해 비상카드를 따로 만들어서 꼭 필요한 경우에만 사용한다. 그 외에도 체크카드의 결제계좌를 개설한 은행이나 증권사의 전산시스템 점검으로 인해 체크카드를 사용하지 못하는 경우가 생길 수 있다. 그때 지갑에 현금이 넉넉히 있으면 상관없지만 그렇지 않으면 부득이 비상카드를 사용할 수밖에 없다. 은행과 증권사의 전산시스템 점검은 자정부터 시작해 보통 5~10분이면 끝나지만 아주 가끔씩 대대적인 시스템 점검을 하느라 몇 시간 동안 지속되기도 한다. 그 시간 동안에는 통장에 잔액이 충분히 있어도 체크카드를 사용할 수 없기 때문에 만약 그 사이에 꼭 돈을 써야 하는 일이 생기면 곤란해질 수 있다. 따라서 그런 경우에도 비상카드를 사용하면 된다.

그리고 어쩔 수 없이 비상카드를 사용했다면 한 달 뒤 결제일까지 기다리지 말고 가급적 하루 이틀 뒤에 예비자금을 인출해서 신용카드 대금을 선결제 처리하도록 한다. 쓸데없이 외상값을 남겨둘 필요가 없다.

단, 비상카드는 지출한도를 정하고 체크카드와 현금으로 돈을 쓰는 습관을 먼저 들인 이후에 만드는 게 좋다. 쉽게 말하면 일단 신용카드를 모두 잘라버리고 나서 체크카드와 현금을 사용하는 습관에 익숙해진 후, 비상카드로 사용할 신용카드를 1개 만들라는 뜻이다. 그렇지 않고 처음부터 비상카드로 사용할 신용카드를 지갑에 넣고 다니면 체크카드를 사용하다 불편하고 귀찮은 생각이 들

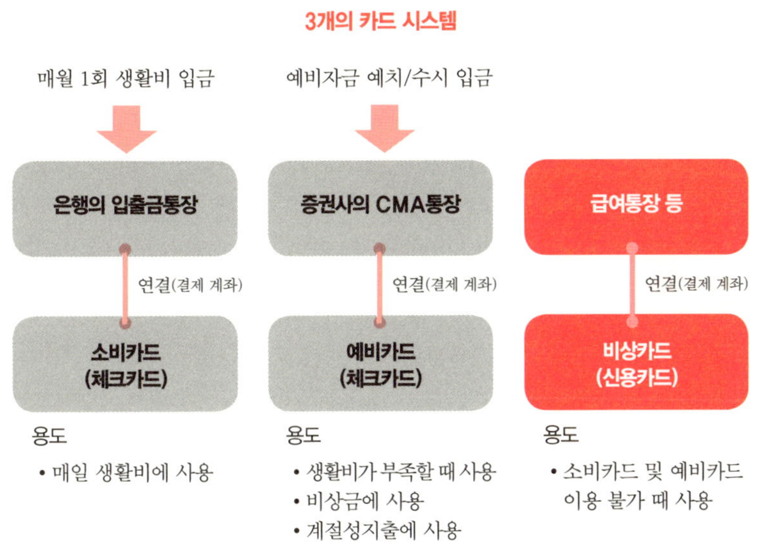

때마다 또다시 신용카드를 매일 긁으며 돌아다니는 자신의 모습을 발견하게 될 것이다. 비상카드는 잘라버린 신용카드를 재발급받거나 또는 연회비가 없거나 저렴한 다른 신용카드를 새로 발급받아서 사용하면 된다.

3개의 카드 시스템 실행 과정

앞서 3개의 카드 시스템의 개념과 각 카드의 활용 방법 등에 대해 살펴보았다. 이제 3개의 카드 시스템을 만들고 실행하는 과정을 간단히 정리해보겠다. 모든 경우에 맞춰 설명하기는 어렵기 때문에 대표적으로 두 가지 경우를 예로 들어 설명한다.

신용카드의 결제잔액을 일시에 갚아버릴 수 있는 경우

Step 1 보유하고 있는 신용카드를 전부 자른다. 다만 교통카드로 사용 중이거나 휴대전화 요금, 공과금 등의 자동결제용으로 사용하고 있어 부득이 자르기 어려운 신용카드는 한 개쯤 남겨둬도 괜찮다. 대신 그 외의 다른 용도에는 신용카드를 사용하지 않기로 마음 먹어야 한다. 그리고 그것을 비상카드로 사용하면 된다. 하지만 돈을 쓸 때마다 신용카드에 자꾸 손이 간다면 일단 자른 뒤 교통비, 휴대전화 요금 등의 결제가 가능한 체크카드를 새로 발급받아서 사용하는 게 낫다.

Step 2 보유하고 있는 여유자금으로 신용카드의 결제잔액을 전부 갚은 뒤 신용카드를 모두 해지한다. 여유자금이 없다면 원금 손실이 생기지 않는 정기예금, 적금 등을 해지하여 신용카드의 결제잔액을 갚는 데 사용한다. 정기예금, 적금 등을 중도에 해지하면 약정된 이자를 받지 못하지만 소비체질을 바꿈으로써 얻게 되는 이익이 그것을 보상해줄 수 있다. 단, 소득공제, 비과세 등 세제혜택을 받고 있어 해지하면 불이익이 생기는 금융상품을 해지하는 것은 바람직하지 않다. 또한 청약통장, 주택자금, 결혼자금, 교육자금, 노후자금 등 뚜렷한 재무목표를 달성하기 위해 가입한 금융상품 역시 해지하는 않는 게 좋다. 만약 정기예금, 적금 등의 만기가 수개월 정도밖에 남지 않았다면 기다렸다가 만기 때 돈을 찾아서 신용카드 결제잔액을 갚아도 괜찮다. 이 경우 신용카드는 정기예금, 적금 등의 만기일 이후에 잘라버려야 한다.

Step 3 주거래 은행에 방문해서 입출금통장을 만들고 소비카드로 사용할 체크카드도 함께 만든다. 현재 보유하고 있는 입출금통장과 체크카드를 사용해도 괜찮다.

Step 4 매월 지출(변동지출 또는 생활비 또는 용돈)의 한도를 정한 뒤 소비카드가 연결된 입출금통장에 입금(이체)한다. 이후 입출금통장은 생활비로 쓸 돈 이외의 다른 돈이 섞이지 않도록 생활비 전용으로만 사용한다.

Step 5 직장에서 가까운 증권사에 방문해서 CMA통장과 예비카드로 사용할 체크카드를 함께 만든다. 현재 보유하고 있는 CMA통장과 체크카드를 사용해도 괜찮다. 그리고 필요한 경우 증권사의 인터넷뱅킹 서비스도 신청한다.

Step 6 예비자금 예산을 정한 뒤 적은 돈이라도 예비카드가 연결된 CMA통장에 입금(이체)한다. 이후 매월 쓰고 남는 돈이 생기거나 상여금 등을 받아 여유자금이 생기는 달에는 수시로 CMA통장에 입금하여 잔액이 바닥나지 않도록 유지한다.

Step 7 신용카드 없이 체크카드로 소비하는 데 익숙해졌다고 판단되면 비상카드로 사용할 신용카드를 만든다. 신용카드는 자주 사용할 게 아니므로 부가 혜택을 따지지 말고 연회비가 없거나 저렴한 신용카드를 선택해서 발급받는다. 이후 부득이 비상카드를 사용한 경우에는 가급적 하루 이틀 뒤에 예비자금을 인출하여 선결제 처리함으로써 외상값을 남겨두지 않는다. 만약 예비자금이 없다면 월급날 결제 처리한다.

● 신용카드의 결제잔액을 일시에 갚아버리기 어려운 경우

Step 1 주거래 은행에 방문해서 입출금통장을 만들고 소비카드로 사용할 체크카드도 함께 만든다.

Step 2 갖고 있는 돈을 최대한 긁어모아서 소비카드가 연결된 입출금통장에 입금한다. 이후 돈이 생길 때마다 입출금통장에 입금하여 잔액을 늘려나간다.

Step 3 1개월 단위로 신용카드의 사용비중을 점차 줄여나가는 동시에 체크카드의 사용비중을 늘려나간다. 예를 들어 첫 달에는 처음 3주 동안 신용카드를 사용하고 나머지 1주 동안은 소비카드로 만든 체크카드를 사용한다. 두 번째 달에는 처음 2주 동안 신용카드를 사용하고 나머지 2주 동안은 소비카드를 사용한다. 세 번째 달에는 처음 1주 동안 신용카드를 사용하고 나머지 3주 동안은 소비카드를 사용한다. 이처럼 신용카드 사용비중을 점차 줄이면서 단계적으로 신용카드 결제잔액을 줄여나간다.

Step 4 신용카드의 결제잔액이 청산되면 신용카드를 전부 잘라버린 뒤 해지한다.

Step 5 매월 지출한도를 정한 뒤 소비카드가 연결된 입출금통장에 입금한다.

Step 6 직장에서 가까운 증권사에 방문해서 CMA통장과 예비카드로 사용할 체크카드를 함께 만든다.

Step 7 예비자금 예산을 정한 뒤 적은 돈이라도 예비카드가 연결된 CMA통장에 입금한다.

Step 8 신용카드 없이 체크카드로 소비하는 데 익숙해졌다고 판단되면 비상카드로 사용할 신용카드를 만든다.

그 외에 신용카드 장기할부 거래를 자주 해서 결제잔액이 너무 많거나 신용카드 이외의 다른 부채가 많아서 당장 신용카드를 잘라버리기 어려운 경우에는 어쩔 수 없이 당분간 허리띠를 힘껏 졸라매고 긴축 소비를 해서 신용카드 사용을 줄여나가는 수밖에 없다. 그렇게 긴축 소비로 부채를 모두 갚고 난 뒤 3개의 카드 시스템을 실행해 소비체질을 개선하도록 노력해야 한다.

3개의 카드,
이것만은 주의하라

사람들이 3개의 카드 시스템을 만든 뒤 흔히 부딪히는 문제가 있는데, 바로 소비카드가 연결된 통장의 잔액이 일찍 바닥나는 것이다. 즉, 매월 지출한도를 정하여 통장에 생활비를 입금한 뒤 소비카드를 사용하는데 다음 입금일이 되기 전에 통장의 잔액이 바닥나서 더 이상 소비카드를 사용할 수 없는 경우를 말한다. 그런 경우에는 다음 입금일이 돌아올 때까지 예비카드를 매일 사용해야 하는데, 그것이 가끔 생기는 일이라면 신경 쓸 게 없지만 반복해서 생긴다면 머지않아 다시 신용카드를 사용하게 될 가능성이 커진다. 따라서 소비카드가 연결된 통장의 잔액이 일찍 바닥나는 일이 자주 생긴다면 그 이유를 알아내 대처해야 한다. 소비카드가 연결된 통장의 잔액이 일찍 바닥나는 일이 자주 생기는 것은 대개 다음의 2가지 이유 때문이다.

- 의욕이 앞선 나머지 지출한도를 너무 적게 정한 경우
  (자신의 소비 여건을 고려하지 않고 매월 고정적인 저축을 너무 많이 해서 생활비가 턱 없이 부족해지는 경우도 포함)
- 비상금 또는 계절성지출에 소비카드를 반복해서 사용하는 경우

우선 첫 번째 경우에는 지출한도를 현실적인 수준으로 높여서 조정한 뒤 매월 통장 입금액을 늘려야 한다. 나는 3개의 카드 시스템을 활용해서 계획적인 소비생활을 하자고 제안하는 것이지 소비를 줄이기 위해 극기 훈련이나 수도 생활을 하자는 것이 아니다. 따라서 자신의 소비 여건을 고려해서 너무 스트레스를 받지 않을 만큼 적정한 수준으로 지출한도를 상향 조정해야 한다(반대로 매월 통장의 잔액이 많이 남는 일이 자주 생긴다면 지출한도를 하향 조정해야 한다).

두 번째 경우에는 소비카드의 용도와 예비카드의 용도를 명확히 구분해서 써야 한다. 소비카드는 변동지출, 다시 말해 식비, 외식비, 문화생활비, 교통비 등 매일 또는 매월 수시로 반복해서 지출하는 생활비를 쓸 때 사용하는 것이다. 그리고 예비카드는 1년에 한두 번 써야 하는 계절성지출과 일상적이지 않은 일이 생겨서 비상

금을 써야 할 때 사용하는 것이다.

　그런데 소비카드를 비상금이나 계절성지출에 사용해버리면 당연히 통장의 잔액이 일찍 바닥날 수밖에 없다. 이후에는 소비카드를 사용할 수 없으므로 예비카드를 매일 사용해야 하는데, 그것은 결과적으로 소비카드가 연결된 통장에 돈을 계속 부어가면서 쓰는 것과 차이가 없다. 그리고 그런 일이 반복되면 예비카드가 연결된 CMA통장의 잔액도 바닥을 드러내 예비카드 역시 사용할 수 없게 되고, 결국 또다시 신용카드를 매일 사용하게 된다. 그러면 그동안 소비체질을 변화시키기 위해 했던 노력은 허무하게 사라지고, 모든 게 원점으로 되돌아간다. 따라서 소비카드와 예비카드의 용도를 명확히 구분해 사용해야 하며, 예비카드가 연결된 CMA통장의 잔액 역시 바닥나지 않고 항상 적정한 수준에서 유지될 수 있도록 관리해야 한다.

소비카드와 예비카드의 용도 구분

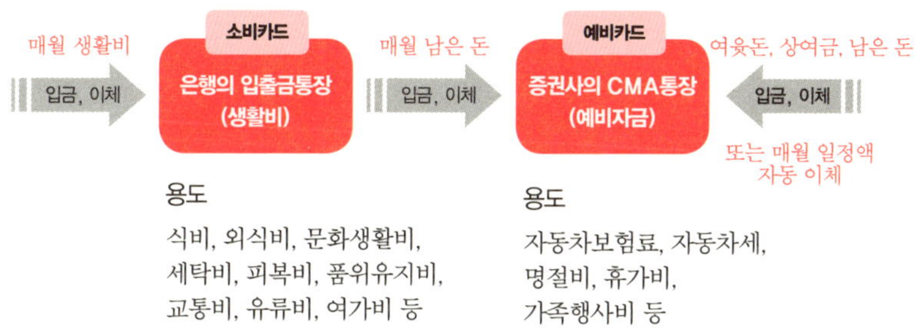

3개의 카드 시스템을 만들고 실행한 뒤에는 한 달에 한번 이상 결산을 해서 소비카드의 지출 예산(매월 지출한도)과 실제 지출금액(소비카드의 사용금액 + 현금 인출금액) 사이의 차이를 살펴봐야 한다. 사실 시스템이 익숙하게 돌아가기 시작하면 예산과 실제 지출금액 사이의 차이가 근소하기 때문에 1년에 한두 번 정도만 결산을 하고, 필요한 경우 예산을 조정해주면 계획적인 소비생활을 해나가는데 무리가 없다. 하지만 실행 초기에는 한 달이 지나서 보면 소비카드가 연결된 통장의 잔액이 너무 빨리 바닥나거나 반대로 너무 많이 남는 등의 문제가 생길 것이다. 따라서 시스템에 익숙해질 때까지는 한 달에 한 번 이상 소비카드의 사용내역과 통장의 거래내역을 대조해보면서 지출 예산을 너무 적게 잡은 건 아닌지 또는 너무 많이 잡은 건 아닌지 등을 따져봐야 한다. 그렇게 수개월에 걸쳐 결산을 하다 보면 자신의 입장에서 적정한 지출 예산이 얼마인지 좀 더 세심하게 판단해볼 수 있을 것이다.

마지막으로 한 가지만 덧붙이겠다. 최근 카드사들은 소액의 신용한도가 부여된 체크카드를 발급하고 있다. 쉽게 말하면 신용카드 기능을 탑재한 체크카드인데, 체크카드를 사용하다가 통장에 잔액이 부족해지면 자동으로 신용카드로써 기능을 하게 된다. 반대로 체크카드 기능을 탑재한 신용카드도 있다. 이런 겸용 카드는 통장에 잔액이 있든 없든 사용할 수 있기 때문에 유용한 점이 있는 게 사실이다.

하지만 신용카드를 사용하지 않으려고 잘라버렸는데 굳이 체크카드에 또 외상 기능을 덧붙여서 사용할 필요가 있을까? 게다가 비상카드를 갖고 다닌다면 체크카드의 외상 기능은 전혀 쓸모가 없다. 사실 예비자금을 적당히 모은 뒤 예비카드만 잘 사용해도 비상카드조차 쓸 일이 거의 생기지 않는다. 지금껏 내가 신용카드를 잘라버려야 한다고 주장한 이유는 그것이 우리에게 주는 이익보다는 손해가 더 크기 때문이다. 그리고 그것을 잘라버림으로써 이제부터 계획적이고 절제된 소비생활을 시작하겠다는 강한 자기 암시를 스스로에게 줄 수 있기 때문이다. 오래된 연인과 기왕에 결별하려거든 상대가 나에 대한 미련을 갖지 못하도록 아주 냉혹하게 결별을 통보해야 한다. 그것이 상대를 위해 내가 해줄 수 있는 마지막 배려다.

2부
소비체질, 인생까지 바꾸다

3개의 카드 시스템을 이용해 바뀐 소비체질은 쉽게 목돈을 만들어주는 것을 넘어서 인생에도 영향을 미친다. 아무리 많은 돈을 벌어도, 소비체질을 개선하지 못하면 목돈 마련은 커녕 돈 걱정을 하게 된다. 사실 많은 돈을 버는 것보다 소비체질을 개선하는 것이 훨씬 쉽다. 소비체질을 개선해 만든 목돈은 결혼부터 육아, 내 집 마련, 노후까지 당신의 인생 전반에 걸쳐 큰 힘을 발휘할 것이다.

돈이 아무리 중차대한 문제라고 해도 현재의 행복보다 더 중요할 수는 없다. 현재의 행복을 희생해 언제 올지도 모르는 미래의 행복에 대비하는 것처럼 미련해 보이는 것도 없다. 우리는 인생 전체를 행복하게 살기 위해 태어났다. 하지만 그렇다고 너무 현재의 행복에만 매달려 미래를 준비하지 않는 것도 문제다. 그건 현재의 행복을 위해 미래의 행복을 희생하는 것과 마찬가지기 때문이다. 우리가 지금 소비체질 개선을 통해 목돈을 만들고 미래를 준비해야 하는 이유도 여기에 있다.

4장

나의 인생은 그들과 다르다

남과 비교하는 소비는 불행하다

평범한 사람들이 일생을 살면서 쓰는 비용이 얼마나 될까? 최근에 발표된 각종 통계자료를 정리해보면 우리나라에서 평균적인 인생을 살아가기 위해서는 현재의 물가를 기준으로 약 19억 원이 필요하다.

지금 당신의 입에서 '억!' 소리가 절로 나왔을지 모르겠다. 아니면 그것으로는 모자라 '헉!' 소리를 냈을지도 모르겠다. 10년쯤 전만 해도 이런 종류의 통계를 보면 나 역시 가슴에 주먹만 한 돌덩이가 박힌 듯 답답해져 한숨부터 내쉬었다. 하지만 지금은 이런 통계를 봐도 한숨을 내쉬거나 놀라는 일이 없다. 그동안 내가 부자가 된 것은 아니다. 법정 스님처럼 인생의 깨달음을 얻은 것도 아니다.

구분	필요자금	비고
결혼자금 (전세자금 포함)	1억 2771만 원	평균 결혼비용 남자: 7545만 원, 여자: 5226만 원 (2013년 한국보건사회원구원 보건복지부발표)
자녀교육비 (1명 출산)	1억 375만 원	자녀 1인당 평균 교육비, 출산~대학졸업 (2013년 한국보건사회연구원 보건복지부 발표)
내 집 마련 (아파트)	2억 6185만 원	전국아파트 평균 매매가격 (2013년 5월 국민은행 발표)
생활비 (30세~59세)	9억 2175만 원	전국 3인가구 평균 소비 지출액 월 2,560,420원 (2013년 1분기 통계청 발표)
노후생활비 (60세~84세)	5억 2632만 원	전국 2인가구 평균 소비 지출액 월 1,754,396원 (2013년 1분기 통계청 발표)
총계	**19억 4138만 원**	

다만 '남들만큼' 벌고 소비하며 살아야 한다는 강박적인 생각을 절반 정도 내려놓고 '내 처지'에 맞춰 살려고 노력하다 보니 어떻게든 살아진다는 사실을 알았기 때문이다. 뿐만 아니라 행복한 인생을 사는 데 돈이 무척 중요하지만 그것이 전부가 아니라는 사실을 머리가 아닌 가슴으로 이해했기 때문이다. 하지만 '남들만큼' 또는 '남들처럼'이라는 무거운 짐을 아직 다 버리지는 못했기 때문에 지금도 가끔 마음이 편치 않을 때가 있다. 나 자신을 남과 비교하기 때문에 생기는 불편함이다. 그래도 10년쯤 전에 비하면 정말 많이 나아진 것이다. 그때만 해도 남과 비교하면서 나 자신이 불행하다고 생각할 때가 자주 있었으니까.

- 친구의 부모님은 잘사는데 나의 부모님은 왜 저렇게 가난한가?

- 나는 이 친구처럼 왜 돈을 많이 벌지 못하는가?

- 나는 저 친구처럼 왜 멋진 자동차를 타지 못하는가?

- 그 친구는 결혼할 때 아파트에서 시작했는데 나는 왜 이 모양으로 시작하는가?

- 남들만큼 살려면 19억 원이 필요하다는데 나는 평생 안 쓰고 살아도 못 모으겠네…….

이처럼 남과 자신을 비교하기 시작하면 끝이 보이지 않는 어두운 터널에 갇혀 빠져 나오지 못하게 된다. 그리고 아무도 나를 괴롭히지 않는데 나 혼자 스스로를 괴롭히게 된다. 비록 기회의 불평등과 소득분배의 불평등으로 인해 부의 양극화 현상이 날로 심해지고 있지만 그렇다고 자신을 남과 비교하면서 불행해지기를 선택하지는 말아야 한다. 나도, 그리고 당신도 남들처럼 19억 원이 없더라도 불행하지 않게 살아갈 수 있다.

삼포세대의 결혼 이야기

2013년 한국보건사회연구원과 보건복지부가 전국 1만 8000가구를 대상으로 조사한 바에 따르면 결혼비용으로 남자가 평균 7545만 원, 여자가 평균 5226만 원을 지출했다고 한다. 1가구당 결혼비용으로 평균 1억 2771만 원을 지출한 셈인데, 많은 사람들이 보통 첫 취업 후 3~5년쯤 뒤에 결혼하는 점을 고려하면 결혼 전에 1억 원 이상을 모으는 게 결코 쉬운 일이 아니다. 그런데 사실 1억 원 정도면 약과다. 평균 결혼비용이 2억 원을 훌쩍 넘는다고 발표한 결혼정보회사의 조사 결과도 있다. 말이 쉬워 2억 원이지 최근 대기업에 취업한 대졸 신입사원의 평균 연봉이 3500만 원 정도인 점을 고려하면 2억 원은 대기업에 취업해 세금 한 푼 내지 않고 급여를 전부 저축해도 꼬박 6년이 지나야 모을 수 있는 큰돈이며, 만약 급여의 50%만 저축한다면 약 12년이 걸린다. 설령 배우자가 될 사람과 같은 날 대기업에 취업해서 함께 돈을 모은다고 해도 두 사람의 급여를 한 푼도 쓰지 않고 3년 동안 저축해야 2억 원을 모을 수 있다. 하물며 대기업에 취업하지 못해 그보다 연봉이 적은 사람들은 결혼준비만 하는 데 족히 10년은 걸릴 것이기 때문에 요샛말로 '멘붕'이 되기 십상이다.

따라서 대기업에 다니든 중소기업에 다니든 실제로 2억 원 이상을 결혼비용으로 지출한 사람들 대다수는 부모의 도움을 받았거나 대출을 받았을 게 분명하다. 그중 무리하게 대출을 받아서 결혼비용을 지출한 사람은 결혼 후 그 빚을 갚느라 빈곤하게 사는 허니문푸어가 돼 있을 것이고, 아이를 낳게 되면 육아비용 증가로 인해 자연히 베이비푸어가 될 것이며, 그 아이가 초등학교에 입학한 이후에는(조금 빠르면 유치원에 입학한 뒤부터) 교육비 증가로 빈곤하게 사는 에듀푸어가 될 가능성이 높다. 푸어의 덫에 한번 걸려들면 이처럼 톱니바퀴처럼 연결된 문제가 연속해서 생기기 때문에 좀처럼 발을 빼기가 어렵다. 따라서 무리하게 대출을 받아 결혼비용을 지출한 사람은 다소 심하게 말하면 결혼과 동시에 빈곤을 선택한 것과 다름이 없다. 최근 이런 문제 때문에(또는 두려움 때문에) 결혼을 기약 없이 미루는 사람들이 많아지고 있으며, 심지어 결혼을 포기하는 사람들의 숫자도 증가 추세다.

그런데 정말 우리 사회가 결혼하는 것조차 그렇게 힘겨워해야 할 만큼 빈곤의 도가니가 돼버린 것일까? 최근에 결혼한 나의 후배와 지인들을 보면 1~2억 원의 결혼자금을 준비하지 못했더라도 불행한 표정으로 결혼식장에 들어서는 모습을 단 한 번도 본 적이 없다. 또한 결혼 후 그리 넉넉하게 살고 있지 않지만 지금보다 더 나은 삶을 살기 위해 부부가 함께 노력하는 모습을 많이 보고 있으며, 사랑스런 아기를 낳아 열심히 키우는 모습 역시 많이 본다. 그리고 내 눈에는 그들이 누구 못지않게 행복해 보인다. 물론 그들에게 돈 문제든 무엇이든 내가 모르는 걱정거리가 분명히 있을 수 있다. 그런데 이 세상에 적어도 한두 가지 이상의 걱정거리도 없이 살고 있는 사람이 과연 존재할까? 나 역시 지금 이 순간 몇 가지 걱정거리가 있으며, 그중에는 내 노력으로 해결이 불가능한 문제도 있다. 그들에게 어떤 걱정거리가 있든 그것은 전혀 이상한 일이 아니며 그로 인해 그들의 결혼생활이 곧 불행해지는 것도 아니다.

나는 최근 수년 전부터 괴담처럼 확산되고 있는 허니문푸어나 베이비푸어에 대한 이야기가 현재 젊은 세대가 겪고 있는 경제적인 어려움을 매우 사실적으로 표현한 것이라고 생각하지만 한편으로는 분명히 과장된 측면이 있다고 본다. 그로 인해 많은 사람들이 결혼하기를 주저하고 심지어 포기한다는 이야기를 들으면 필요 이상으로 너무 겁을 먹고 있는 게 아닌가 하는 생각도 한다.

나는 재무설계 전문가로서 최근의 경제환경과 미혼남녀들이 겪고 있는 어려움에 대해 많은 부분을 알고 있다고 생각한다. 그렇기 때문에 결혼을 기약 없이 미루거나 심지어 포기하려는 그 심정도 충분히 이해한다. 솔직히 말하면 나 역시 결혼을 할 때 똑같은 심정이었다. 특히 남자의 경우 결혼을 준비하면서 돈이 없으면 여자 앞에서 한없이 작아지고 자신감이 없어지는 것은 인지상정이다. 그럼에도 불구하고 결혼 적령기가 됐지만 사랑하는 사람과의 결혼을 망설이는 가장 큰 이유가 돈 때문이라면 너무 복잡하게 생각하지 말고 결혼 날짜를 잡으라고 말하고 싶다. 경제적인 부담 때문에 결혼을 주저하거나 미루는 사람들은 아직 준비가 부족하다고 하는데 과연 언제까지, 또 얼마나 준비해야 결혼 준비를 충분히 했다고 말할 수 있을까?

나는 두 사람이 서로 사랑한다면, 그래서 서로의 사정을 이해하고 배려할 수 있다면 일단 결혼식을 치르고 나서 함께 미래를 준비해 나가는 게 더 현명한 결정이라고 생각한다. 남들처럼 화려해 보이는 예식장에서 결혼식을 올리지 못하더라도, 남들처럼 멋진 해외 휴양지로 신혼여행을 가지 못하더라도, 또 남들처럼 예쁜 아파트에 신혼집을 마련하지 못하더라도 그것이 인생을 살아가는 데 장해물이 되지 않는다. 어차피 대부분의 사람들은 평생에 걸쳐 돈 문제로부터 자유로울 수 없기 때문에 사랑하는 사람과 서로 의지하며 함께 문제를 풀어가는 게 혼자 해내려고 애쓰는 것보다 훨씬 더 수월하다. 배가 부른 상태에서 먹는 음식보다 배가 고픈 상태에서 먹는 음식이 훨씬 더 맛있게 느껴지듯이, 행복도 부족한 것을 채워나가는 과정에서 더 크게 경험할 수 있다.

목돈 마련의
황금기를 꽉 잡아라

많은 미혼 남녀들이 소득에 비해 저축을 많이 하지 못하는 경향이 있다. 한참 소비 욕구가 충만할 시기인 데다가 부양가족이 없으니까 돈을 아끼지 않고 써도 불편한 문제가 생기지 않기 때문일 것이다. 또한 결혼 전부터 허리띠를 조이며 살고 싶지도 않을 것이다. 그런데 만약 결혼할 때 신혼집을 구하고 아기를 낳아 키우는 데 돈이 얼마나 많이 드는지 미리 체험해보는 게 가능하다면, 그래서 미혼일 때 열심히 목돈을 만들지 않으면 결혼 후 빈곤하게 살기 십상이라는 사실을 결혼 전에 직접 보고 느낄 수 있다면 나는 대부분의 미혼남녀들이 취업한 직후부터 돈을 아껴 쓰고 열심히 저축하지 않을까 생각한다.

길게 보면 1997년 IMF 외환위기 때부터 지금까지 장기간 누적돼온 취업난으로 인해 과거에 비해 취업 연령이 많이 늦어졌고 그에 따라 결혼 연령도 자연스럽게 늦어졌지만 예나 지금이나 인생에서 목돈 마련의 황금기는 변함이 없다. 목돈 마련의 황금기는 2구간으로 구분할 수 있는데 우선 첫 취업 후 결혼하기 전까지의 기간이 1구간이고 결혼 후 맞벌이를 하면서 아기를 낳기 전까지의 기간이 2구간이다. 취업 직후부터 부모님을 직접 부양해야 하는 등 특별한 어려움이 없다면 결혼하기 전까지는 소득의 절반 이상을 저축하기 위해 노력할 필요가 있다. 사람마다 형편이 다를 수 있지만 인생에서 소득의 절반 이상을 저축할 수 있는 시기는 흔치 않다. 다시 말해, 인생에서 단 한 번의 기회가 될지도 모르는 중요한 시기이기 때문에 첫 취업 후 결혼하기 전까지의 황금기를 무심코 흘려보내지 말고 소득의 절반 이상을 저축하기 위해 노력해야 한다는 뜻이다. 최근에 대학을 졸업하고 취업한 사람들은 등록금과 생활비 때문에 생긴 학자금대출을 갚느라 넉넉하지 못한 경우가 많지만, 그 빚을 빨리 갚기 위해서라도 소득의 절반 이상을 모아야 한다.

결혼 후 맞벌이를 하면서 아기를 낳기 전까지도 부부 합산 소득의 절반 이상을 저축하기 위해 노력할 필요가 있다. 그때는 한 사람이 아닌 두 사람이 번 돈을 저축할 수 있기 때문에 결혼 전에 비해 돈이 모이는 속도가 매우 빠르다. 하지만 그 시기가 오래 가지는 못한다. 왜냐하면 아기가 태어나는 순간부터 식구가 어른 한 명이 늘어난 것 이상으로 생활비 지출이 가파르게 증가되기 때문이다. 게다가 부부 중 한 사람은 출산휴가나 육아휴직을 내고 한두 달이라도 쉬어야 하기 때문에 맞벌이를 할 수 없어 소득은 절반으로 줄어든다. 그때부터 다시 맞벌이를 시작할 때까지는 허리띠를 졸라매고 살아야 하며, 만약 육아 문제로 인해 부부 중 한 사람이 완전히 직장을 그만두기라도 하면 한동안 졸라맨 허리띠를 다시 풀기가 어려워질 것이다. 출산 후 계속 맞벌이를 하더라도 상황은 크게 다르지 않다. 왜냐하면 순수한 육아비용 외에 아이를 다른 사람의 손에 맡겨 돌보는 데도 비용이 많이 들기 때문이다. 그렇기 때문에 맞벌이를 하면서 한 사람의 소득은 전부 아이에게 들어간다고 보면 틀리지 않다. 그래서 2구간으로 구분되는 목돈 마련의 황금기 동안 최선을 다해 경제적인 기반을 만들어놓을 필요가 있으며, 그 시기를 무심코 흘려보내지 말고 경제적인 초석을 세울 수 있는 절호의 기회로 삼아야 한다.

결혼 후에는 목돈 마련 목표의 1순위를 내 집 마련으로 정하고 가능하면 10년 이내에 그 목표를 달성하기 위해 노력하는 게 좋다. 보통의 경우 결혼 후 10년쯤 지나면 첫 아이가 초등학교 저학년에 다니고, 둘째 아이가 초등학교에 입학할 시기가 된다. 아이들의 교육비가 크게 증가되기 시작하는 초등학교 고학년이 되기 전에 내 집 마련에 성공해서 주거가 안정되고 나면 교육비 지출에 대한 심적인 부담이 적어지는 것은 물론이고 아이의 교육자금과 부부의 노후자금 등 장기적으로 필요한 목돈을 마련해나가기도 한결 수월해진다.

: 자동차 연비는 BMW가 최고다

많은 사람들이 소득에 비해 저축을 많이 하지 못하는 가장 대표적인 이유가 자동차다. 특히 급여 수준이 낮은 20대 때에는 자동차를 구입하는 순간부터 돈 모으기는 이미 힘들다고 보면 된다. 보통의 사람이 인생을 살아가면서 집 다음으로 가장 큰돈을 일시에 지불하고 구입하는 게 자동차다. 게다가 자동차는 구입하는 데도 돈이 많이 들지만 구입 후 유지비용이 그보다 훨씬 더 많이 든다. 대출이자, 자동차보험료, 자동차세, 주유비, 정비비, 수리비 등을 따져보면 매년 수백만 원이 우습게 나간다. 더구나 자동차는 4~5년만 지나면 중고차 가격이 새 차 가격의 절반 이하로 떨어진다. 정말이지 돈 먹는 하마가 따로 없다.

실제로 자동차를 구입한 뒤 얼마나 많은 비용이 지출되는지 한번 따져보자. 다음의 표는 이제 막 면허를 취득한 사람이 1500만 원 짜리 소형차를 현금 500만 원과 1000만 원의 자동차금융 할부로 구입하는 경우에 예상해볼 수 있는 자동차 유지비용 내역이다.

자동차 구입 및 유지 비용

구입비용(1회)		유지비용(연간)	
차량가격	1500만 원	자동차보험료	100만 원
등록비(취득세, 공채매입비 등)	150만 원	자동차세	25만 원
		주유비	200만 원
		감가상각비(가격 하락)	150만 원
		자동차 대출이자	40만 원
합계	1650만 원	합계	515만 원

* 주유비: 연간 1만km 운행, 1L=2000원, 10km/L(연비) 가정
* 감가상각비: 매년 최초 차량가격의 10%씩 가격 하락 가정
* 대출이자: 연 7.5%, 1000만 원 대출, 원리금 균등분할상환(5년) 가정
* 자동차보험료, 자동차세 등 변동이 없는 것으로 가정
* 정비비, 수리비 등 기타 비용은 무시

3년 경과 : 1545만 원
5년 경과 : 2575만 원
10년 경과 : 4950만 원

고가의 구입비용은 둘째 치고 유지비용으로 매년 500만 원 이상 지출되는 것은 평범한 편에 속한다. 3년이 지나면 차량 가격만큼 유지비용이 지출되고, 5년이 지나면 2500만 원, 10년이 지나면 5000만 원이 길바닥에 뿌려지게 된다. 특히 자신의 경제력에 비해 유지비용이 과도한 자동차를 구입하면 그 순간부터 겉만 번지르르하고 속은 텅 빈 깡통 같은 인생을 살게 되기 십상이다.

그렇다고 평생 자동차를 구입하지 말라는 것이 아니다. 우리가

어떤 편의를 누리기 위해 그에 상응하는 비용을 지불해도 아깝지 않을 만큼 충분한 가치가 있다면 기꺼이 돈을 써야 할 필요가 있다. 다만 자동차 구입 시기를 최대한 뒤로 미루라는 이야기다. 업무나 생업 때문에 꼭 자동차가 필요한 경우가 아니라면 자동차는 목돈 마련의 황금기 이후에, 즉 결혼한 뒤 아기를 낳은 이후에 구입해도 늦지 않다. 생애 첫 자동차 구입 시기를 그 정도만 늦춰도 상당히 많은 비용을 절약할 수 있다.

만약 당신이 자동차 유지비용 때문에 마이너스 인생을 살고 있다면 당장 자동차를 팔아버려라. 그리고 BMW를 타라. BMW란 버스Bus, 지하철Metro, 걷기Walking의 줄임말인데 누가 만들어낸 것인지 모르겠지만 합리적인 소비의 중요성을 함축적으로 잘 담고 있다. 즉, 고가의 외제차를 타라는 게 아니라 대중교통과 발을 이용해서 다니라는 뜻이다. 차라리 매일 택시를 타고 다녀도 자동차를 구입하는 것보다는 비용이 오히려 적게 들 것이다.

인생에서 두 번 다시 찾기 힘든 목돈 마련의 황금기 동안에는 꼭 필요치 않은 비용을 최대한 줄이고 소득의 절반 이상을 저축하기 위해 노력할 필요가 있다. 그렇게 목돈 마련의 황금기 동안 만들어진 소비체질이 당신의 운명을 좌우할 수도 있다.

작은 결혼식도
충분히 행복하다

군사독재 시절이던 1969년 정부는 '가정의례준칙에 관한 법률'을
제정·공포했다. 경제가 발전하면서 국민들의 주머니 사정이 조금
씩 나아지자 그와 함께 가정의례가 날로 호화롭고 사치스러워졌다
고 한다. 그래서 계층 간의 위화감이 조성되고, 일부 서민들이 부
자들을 따라 분수에 맞지 않는 의례를 치른 뒤 요샛말로 푸어 신세
가 되는 일도 많았다고 한다. 그래서 혼례, 상례, 제례 등 가정의례
를 치를 때 허례허식과 낭비를 막고 건전한 사회기풍을 조성한다
는 명목하에 가정의례준칙을 공포했는데, 강제성이 없는 권고 수준
의 규정이다 보니 잘 지켜지지 않았다. 그래서 1973년에는 처벌규
정을 새로 담아 법을 개정했는데 그중 결혼에 관한 내용을 요약하

면 다음과 같다.

① 혼인식을 거행하는 경우에는 다음 각 호의 사항을 준수하여야 한다.

- 약혼식은 따로 거행하지 않는다.

- 혼인식의 장소는 당사자 일방의 가정, 마을회관 등의 장소로 한다.

- 혼례복장은 단정하고 간소하며 청결한 옷차림으로 한다.

- 혼인에 있어서 '함진아비'를 보내는 행사는 하지 않는다.

② 혼례에 있어서 다음 각 호의 행위를 금지한다.

- 청첩장을 돌리는 행위

- 화환, 화분 이와 유사한 장식물의 진열 또는 사용

- 답례품의 증여

- 주류 및 음식물의 접대

지금 생각하면 국민의 자유를 억압하는 참 어처구니가 없는 법이지만 당시에는 강력히 단속했고 위반 시 형사처벌까지 했다고 한다. 그런데 만약 그 법률이 현재까지 존속하면서 엄격하게 집행돼왔다면 오히려 서민들의 어깨가 지금보다는 좀 더 가볍지 않을까 하는 생각도 든다. 또한 지금처럼 경기침체가 장기화되고 국민의 대다수가 경제적으로 넉넉하지 못한 시기에는 법으로 강제하지 않더라도 간소하게 결혼식을 올리고 무리하게 결혼비용을 지출하지 않는 게 행복한 인생을 살기 위해 각 개인이 지켜야 할 준칙이 아닌가 생각된다.

결혼식뿐만 아니라 신혼집 마련도 형편에 맞춰 최대한 작게 시작하는 게 바람직하다. 결혼비용 중 부담이 가장 큰 게 신혼집 마련에 드는 비용이다. 결혼식은 작게 하려고 마음먹으면 냉수 한 사발을 사이에 두고 신랑신부가 맞절만 해도 가능하고, 혼수는 이불 세트 하나만 준비해도 큰 문제가 없지만, 신혼집을 마련하려면 아무리 적어도 수천만 원이 필요하기 때문에 결혼비용을 줄이는 문제는 신혼집 마련 비용을 얼마나 줄이느냐에 달려 있다.

대다수의 신혼부부가 선호하는 아파트의 최근(2014년) 전셋값을 보면 서울의 경우 1억 원 미만의 자금으로 구할 수 있는 전세 아파트는 사실상 자취를 감췄고, 그나마 1억 5000만 원 정도 준비해서 열심히 발품을 팔고 다니면 서울 변두리 지역의 낡은 소형 아파트에 입주가 가능한 상황이다. 서울을 벗어난 수도권 지역도 서울에 비해 상황이 조금 나을 뿐 크게 다르지 않다. 지방은 서울 및 수도권 지역에 비해 상황이 훨씬 낫다고는 하지만 젊은 직장인들이 많이 거주하는 지방 대도시 역시 아파트 전셋값이 그리 만만하지가 않다.

상황이 이렇다 보니 준비된 자금이 넉넉하지 않은 대다수의 신혼부부가 전세 아파트를 구하려면 혼자의 힘으로는 어렵기 때문에 부모의 도움을 받거나 대출을 받아야 하며, 이도 저도 안 되면 월세 아파트를 구해야 한다. 그런데 부모의 도움을 받으면 안 그래도 노후준비가 부실한 부모의 노후가 더 부실해질 위험이 있고, 무리하게 대출을 받거나 월세를 많이 지불하면 허니문푸어나 렌트푸어가 될 위험이 있기 때문에 어떤 경우든 바람직한 결과를 기대하기 어렵다. 따라서 혼자의 힘으로 전세 아파트를 마련할 형편이 안된다면 다세대주택이나 다가구주택으로 시선을 돌려 비용 부담을 최소화하는 게 바람직하다.

통상 동일 지역 내에서 비슷한 면적의 주택 전셋값을 비교하면 다세대주택이 아파트에 비해 30% 이상 저렴한 경우가 많고, 다가구주택은 다세대주택보다 더 저렴하다. 물론 다세대주택이나 다가구주택은 단지 내 편의시설이 없고 주차장이 협소한 점 등 아파트에 비해 주거 환경이 열악한 게 사실이지만, 어차피 다 사람이 살려고 지은 집이기 때문에 불편해서 못 살겠다는 말이 나올 만큼 형편없지는 않다. 특히 최근에 지어진 다세대주택의 경우 신축 아파트 못지않게 깨끗하고 편리한 구조를 갖춘 곳도 많다. 설령 비좁은 다가구주택을 구한다고 해도 신혼부부가 지내지 못할 만큼 아주 불편하지는 않으며, 출산 후에도 아기가 걸음마를 뗄 때까지는 지낼 만하다. 사실 다세대주택이나 다가구주택의 외부 환경적인 여건이 아파트 단지에 비해 못할 뿐이지 사랑하는 가족과 함께 편히 쉬고 먹고 잠자는 게 가능하다면 10억 원짜리 아파트나 1000만 원짜리 단칸방이나 무슨 대단한 차이가 있을까?

나 역시 결혼할 당시에 형편이 좋지 않았기 때문에 무척 간소하게 결혼을 준비했다. 나는 신입사원 시절에 만난 아내와 교제를 시작한 지 4년째 되던 해에 결혼했다. 당시 결혼을 앞두고 무척 스트레스를 받았는데 결혼을 위해 모아둔 돈이 없었기 때문이다. 사실상 맨손이나 다름없는 상황이었기에 아내에게 청혼하기까지 셀 수 없이 망설이다가 결국 용기를 내어 결혼하자는 말을 꺼냈다. 반면에 아내는 그동안 번 돈을 열심히 저축해서 결혼할 때 전부 가져왔다.

나는 최대한 대출을 받아서 결혼비용을 마련하려고 여러 은행을 기웃거렸다. 하지만 처음부터 빚을 내서 출발하기 싫다고 우기는 아내 때문에 대출을 받지 않고 결혼비용을 최대한 줄이는 방법을 선택했다. 그래서 집안 간에 예단과 예물 교환 등은 일절 하지 않았고 결혼식은 당시 내가 다니던 회사의 지하 강당에서 치렀다. 조금 과장해서 말하면 강당의 중앙에 웨딩마치에 사용할 카펫을 한 장 깔고 구청 강당의 예비군 교육장에서 흔히 볼 수 있는 고동색 접이식 의자로 하객석을 채운 뒤 결혼식을 진행했다. 결혼식 당일에는 예식용품 대여 업체의 직원과 함께 아침 일찍 강당에 도착해서 예식장 세팅을 내가 직접 했다. 하객들의 식사 대접은 회사의 구내식

당에서 갈비탕으로 해결했는데 식사 제공 업체와 협의해서 갈비탕은 가장 양질의 재료를 사용해서 조리했고 그 대신 사람들이 잘 손대지 않는 반찬의 가지 수를 줄여서 비용을 적절히 맞췄다.

신혼여행은 제주도로 갔다. 아내의 회사에서 제주도 모 호텔의 숙박권을 받은 게 있어서 활용했고, 마침 내게도 무료 항공권을 얻은 게 있어서 항공료도 들지 않았다. 그래서 신혼여행 경비가 여름휴가 때 쓰는 비용보다 적게 들었다. 신혼집은 서울 변두리의 허름한 다가구주택을 얻었는데 사방에 높고 낮은 주택들이 다닥다닥 붙어 있어서 한낮에도 햇빛이 들지 않는 어둡고 비좁은 곳이었다. 그리고 지하철역까지의 거리가 멀고 언덕 정상에 위치한 집이라서 매일 아침저녁으로 도보운동을 하다시피 하며 출퇴근을 했다. 텔레비전, 세탁기, 냉장고, 전기밥솥 등 가전제품은 내가 자취할 때 쓰던 것을 그대로 사용했고, 그 외에도 소소한 살림은 내가 자취할 때 쓰던 것과 아내가 결혼 전에 쓰던 것을 그대로 가져다 사용했다. 지금 생각해보면 아내와 함께 소꿉놀이를 시작했던 것 같은 기분이 든다.

이렇게 말하면 내가 1970년대쯤에 결혼한 사람처럼 보일지 모르지만 나는 2000년대 초반에 결혼했고, 당시 내 주변의 친구들과 지인들이 결혼하는 모습과 비교하면 나의 결혼준비는 가장 넉넉하지 못한 편에 속했다. 그래도 사랑하는 사람과 한 식구가 된다는 사실만으로도 행복에 겨웠다. 그리고 맞벌이를 하면서 열심히 저축해서 주거 여건이 좀 더 좋은 집으로 이사했고, 낡은 살림살이를 하나둘씩 바꾸어가는 재미도 톡톡히 누렸다.

만약 내가 처음 생각대로 잔뜩 대출을 받아서 결혼식을 치르고 신혼집을 마련했다면 우리 부부는 결혼 후 빚에 쪼들려 빈곤하게 사는 허니문푸어가 됐을 것이다. 하지만 우리 부부는 다행히 그런 문제를 겪지 않았다. 그래서 나는 단칸방에서 시작하더라도 최대한 빚 없이 결혼하는 게 상책이라고 믿으며 꼭 빚을 지더라도 최대한 적게 질 수 있는 방법을 찾아야 한다고 생각한다. 요즘처럼 경기가 좋지 않고 불확실한 시대에는 한 번뿐인 결혼식이고 다시 오지 않는 신혼이라고 무리하게 돈을 쓰기보다는 간소하게 비용을 지출하고 부부가 합심해 한 푼이라도 더 저축하는 게 현명한 판단임이 틀림없다.

● 아파트, 연립주택, 다세대주택, 다가구주택은 무엇이 다를까?

건축법은 주택의 종류를 크게 '단독주택'과 '공동주택'으로 분류하고 있다. 그중 공동주택이란 여러 세대가 하나의 건축물 안에서 각각 독립된 주거생활을 할 수 있지만 건축물의 벽, 복도, 계단 등은 공동으로 사용해야 하는 아파트, 연립주택, 다세대주택을 말한다. 단독주택은 주택으로 사용되는 건축물 전체에 대한 소유권을 한 세대가 갖지만 공동주택은 건축물 안에서 거주하는 여러 세대가 각각 독립된 주거공간에 대해 각자의 소유권을 갖는다.

- 아파트: 주택으로 쓰는 층수가 5개 층 이상인 공동주택
- 연립주택: 주택으로 쓰는 1개 동의 바닥면적 합계가 660제곱미터 초과하고, 층수가 4개 층 이하인 공동주택
- 다세대주택: 주택으로 쓰는 1개 동의 바닥면적 합계가 660제곱미터 이하이고, 층수가 4개 층 이하인 공동주택

연립주택과 다세대주택은 흔히 '빌라'라고 불리는 공동주택의 형태다. 그 외에 공동주택은 아니지만 공동주택과 유사한 '다가구주택'이 있다. 다가구주택은 여러 세대가 하나의 건축물 안에서 각각 독립된 주거생활을 한다는 점에서는 다세대주택과 유사하지만 건축물 전체에 대한 소유권을 집주인 혼자 갖고 있는 단독주택이다. 즉, 다세대주택은 각 세대가 구분된 소유권을 갖는 공동주택이고 다가구주택은 한 지붕 아래에서 여러 세대가 세 들어 사는(예를 들어 한 지붕 세 가족) 단독주택이라고 생각하면 된다.

부모의 노후자금을 탐하지 마라

최근 주택다운사이징을 해서 생긴 차액을 자녀의 결혼비용에 보태주는 은퇴자들이 증가하는 추세라고 한다. 주택다운사이징이란 현금을 확보하거나 주택대출금을 갚기 위해 기존에 살던 집을 팔고 그보다 가격이 저렴한 집을 새로 구입하는 것을 말하는데 중대형 주택을 팔고 소형 주택을 구입하거나 아파트를 팔고 다세대주택을 구입하는 방법이 일반적이다. 주택다운사이징은 사실상 집 한 채가 전 재산이나 다름없는 중산층 은퇴자들이 부족한 노후생활비를 충당하기 위해 흔히 사용하는 방법인데, 최근에는 자녀의 결혼비용에 보태주기 위해 주택다운사이징을 하는 은퇴자들이 증가하고 있는 것이다. 예를 들면 첫째 자녀를 결혼시킬 때는 회사에서 받은 퇴직금으로 보태주고, 둘째 자녀를 결혼시킬 때는 은행에서 대출을 받아서 보태주고, 셋째 자녀를 결혼시킬 때는 집을 팔아서 보태주는 식이다. 그로 인해 중산층 은퇴자들이 한순간에 빈곤층으로 전락하게 된다. 은퇴자들이 얼마 안 되는 노후자금과 퇴직금을 자녀에게 다 줘버리고도 모자라 집까지 팔고 나면 그 이후의 삶이 얼마나 불안할지는 직접 겪어보지 않더라도 충분히 짐작할 만하다.

노후생활비를 2인 가구 최저생계비 수준인 월 100만 원으로 가정하면 노후에 25년만 살아도 총 3억 원이 필요하다. 노후생활비

중 일부는 쥐꼬리만 한 국민연금 등으로 충당한다고 쳐도, 나머지 부족한 생활비는 어떻게 해결해야 할까? 게다가 몸이 여기저기 아프기라도 하면 병원비는 또 어떻게 해결해야 할까? 이러한 노후의 생활비와 의료비 부담이 결혼해서 출가한 자녀들에게 손을 벌리면 쉽게 해결될 문제인가? 그렇지 않다는 사실을 부모 자신도 잘 알고 있다. 그래서 오늘도 많은 노인들이 자식에게 손을 벌리는 대신 쌀값이라도 벌기 위해 일자리를 찾아 나서고 있지만 일하고 싶어 하는 노인들이 차고 넘치기 때문에 노인 세대의 구직난은 젊은 세대의 구직난에 비해 더 심하면 심했지 덜하지는 않다. 돈이 없고 더 이상 집을 줄일 수도 없고 일자리도 없다면 길고 긴 노후를 어떻게 버텨나갈 것인가? 이처럼 감당하기 힘든 노후 문제를 뒤로 한 채 많은 부모들이 있으면 있는 대로 없으면 없는 대로 자녀에게 다 퍼주려고 하는데 그것이 과연 바람직한 일인가? 이성적으로 생각하면 그것이 결코 바람직한 일이 아니라고 쉽게 결론 내릴 수 있을 것이다.

하지만 부모의 입장이 돼 생각해보면 그것은 바람직한 것인지 아닌지를 따져야 하는 문제가 아니라 어쩔 수 없이 부모가 감당해야 하는 문제일 수 있다. 우리의 정서상 부모가 노후자금이 부족하다는 이유로 자녀의 결혼비용에 대해 나 몰라라 하기가 어렵기 때문이다. 세대가 변하고 시대가 변한다고 해서 자신은 밥을 굶더라도 자녀를 위해서라면 숟가락 한 벌이라도 더 챙겨서 결혼시키고 싶은 부모의 마음이 과연 쉽게 변하겠는가? 그래서 부모의 노후자금을 털어서 자녀의 결혼비용에 보태주는 일이 바람직한 것인지의 여부는 부모가 스스로 이해타산을 해가면서 이성적으로 판단할 수 있는 문제가 아니라 자녀가 판단하고 결정해야 하는 문제다. 그렇기 때문에 자식 된 도리로서 부모가 노후에 짊어지게 될 빈곤의 무게를 조금이라도 덜어주고 싶다면 애초부터 부모의 도움을 기대하지 말아야 하며, 부모가 아무 조건 없이 내미는 손도 완곡하게 마다할 필요가 있다. 간소하게 결혼식을 올리고 형편에 맞는 신혼집을 마련하는 등 부모로부터 완전히 독립해 혼자의 힘으로 새 출발을 하기 위해 최대한 노력해야 한다.

아이 1명을 키우는 데
돈이 얼마나 들까?

내게는 올해 초등학교에 입학한 외동딸이 있는데 밥을 엄마보다 더 많이 먹고 어떤 때 보면 아빠인 나보다도 더 많이 먹는다. 그리고 그것으로도 모자라는지 식간에는 출출하다며 간식을 달라고 한다. 당연히 아이의 식비가 만만치 않다. 나는 아이가 이유식을 떼고 밥을 먹기 시작할 때까지만 해도 자라면서 그렇게 밥을 많이 먹을지는 꿈에도 생각하지 못했다. 그래서 내 딸만 그렇게 먹성이 좋은가 싶어 또래의 아이를 키우는 친구와 지인에게 물어보니 다른 집의 아이들도 내 딸 못지않게 먹성이 좋다고 한다. 어린아이는 한시도 가만히 있지 않고 뛰어다니며 놀기 때문에 그만큼 에너지 소비량이 많은 데다가 한참 크는 나이라서 그렇게 먹성이 좋은 게 아닌가 생각된다. 그리고 옷이나 신발은 새로 사 입히면 한 계절도 지나기 전에 사이즈가 작아져서 더 이상 입히지 못한다. 그래서 아이를 키우는 데 돈이 많이 들 수밖에 없는 것 같다. 내 딸을 앞으로 15년은 더 먹여서 키워야 할 텐데 그때까지 돈이 얼마나 더 많이 들까?

아이 양육비는 임신한 순간부터 지출되기 시작된다. 임신부터 출산까지 각종 검진비와 검사비, 분만비, 입원비, 산후조리비, 출산용품비 등 목돈이 지출되고 출산 후에는 기저귀 값, 분유 값, 예방접종비, 병원비 등 본격적으로 물 새듯이 돈이 빠져나가기 시작한다. 그래서 출산 경험이 없는 초보 엄마아빠는 아이를 낳자마자 생활비가 수직으로 치솟는 모습을 바라보며 당황하기 일쑤고 아이를 낳기 전에는 그렇게 돈이 많이 들어갈 줄 몰랐다고 말하는 경우가 많다.

이에 관해서는 현실을 이해할 수 있는 좋은 연구자료가 있다. 2011년 국립민속박물관이 발간한 임신·출산·육아에 대한 조사 보고서 『엄마가 쓰는 육아일기』다. 이 보고서는 국립민속박물관 학예연구사인 박성연 씨가 자신의 육아 사례를 직접 연구해서 작성한 것으로 2009년 10월에 출생한 김아라찬 군(박성연 씨의 아들)을 조사 대상으로 선정해 임신부터 첫돌까지의 육아과정을 일기 쓰듯이 엮은 책이다. 책에 있는 육아비 지출 내역을 살펴보자.

<h2 style="text-align:center">김아라찬 군의 육아비 지출 내역(임신~첫돌)</h2>

날짜	내용	비용(원)	사용처
2009년 3월 6일	임신확인, 정기검진	71,000	함춘여성크리닉
2009년 3월 14일	갑상선검사 예약비	8,960	제일병원
	갑상선검사 · 진료비	50,997	제일병원
2009년 3월 16일	갑상선 진료비	3,000	제일병원
2009년 3월 21일	정기검진	53,000	함춘여성크리닉
2009년 4월 20일	정기검진	173,800	함춘여성크리닉
2009년 5월 16일	갑상선검사 예약비	8,960	제일병원
	갑상선검사 · 진료비	38,212	제일병원
	정기검진	33,600	함춘여성크리닉
2009년 5월 23일	갑상선검사 예약비	8,960	제일병원
	갑상선검사 · 진료비	39,175	제일병원
2009년 6월 15일	정기검진	40,000	함춘여성크리닉
	정기검진	187,800	함춘여성크리닉
2009년 7월 18일	정기검진	38,500	함춘여성크리닉
2009년 7월 21일	정기검진	13,900	함춘여성크리닉
2009년 7월 25일	갑상선검사 예약비	8,900	제일병원
	갑상선 검사비	29,800	제일병원
2009년 8월 14일	정기검진	57,800	함춘여성크리닉
	정기검진	40,000	함춘여성크리닉
2009년 9월 26일	정기검진	8,500	함춘여성크리닉
	정기검진	34,000	함춘여성크리닉
2009년 10월 9일	정기검진	133,300	함춘여성크리닉
2009년 10월 10일	갑상선검사 예약비	8,900	제일병원
2009년 10월 17일	정기검진	105,000	함춘여성크리닉
2009년 10월 27일	출산(제왕절개술) 및 입원비	1,539,000	함춘여성크리닉
	유착 방지막	165,000	함춘여성크리닉
2009년 11월 3일	산후정기검진, 자궁암검사	138,000	함춘여성크리닉
2009년 11월 6일	산후조리원	1,480,000	강동여울소산후조리원
	산후 전신 마사지	350,000	강동여울소산후조리원
2009년 11월 11일	예방접종	70,000	윤앤윤이비인후과
2009년 11월 21일	예방접종	20,000	윤앤윤이비인후과
2009년 12월 8일	산후 정기검진	63,800	함춘여성크리닉
2009년 12월 21일	예방접종	240,000	윤앤윤이비인후과
2010년 1월 5일	육아비	500,000	외할머니 · 외할아버지
2010년 1월 20일	백일떡	400,000	낙원떡집
2010년 2월 5일	육아비	500,000	외할머니 · 외할아버지
2010년 2월 20일	예방접종(뇌수막염, 폐구균, 로타바이러스)	240,000	정소아과
2010년 2월 26일	백일 사진	400,000	킹콩인러브
2010년 3월 5일	육아비	500,000	외할머니 · 외할아버지
2010년 4월 5일	육아비	500,000	외할머니 · 외할아버지

2010년 4월 3일	피부검진(목 짓무른 증상)	2,900	푸른소아과
	피부에 바르는 물약 처방	1,300	은당약국
2010년 4월 12일	피부검진	1,900	푸른소아과
2010년 4월 20일	예방접종(뇌수막염, 폐구균, 로타바이러스)	240,000	푸른소아과
2010년 4월 23일	푸른소아과(B형간염 예방접종)	20,000	푸른소아과
2010년 5월 5일	육아비	500,000	외할머니 · 외할아버지
2010년 6월 5일	육아비	500,000	외할머니 · 외할아버지
2010년 7월 5일	육아비	500,000	외할머니 · 외할아버지
2010년 7월 16일	모기 물린 자국 2차 감염	2,900	푸른소아과
	약(연고: 리도맥스)	1,400	암사현대약국
2010년 7월 28일	목 부어 있으나 괜찮다고 함	1,900	푸른소아과
2010년 7월 29일	구내염 진단, 검진	2,300	푸른소아과
	약(해열제, 정장제)	1,100	은당약국
2010년 7월 30일	문화센터(점프아이)	97,000	현대백화점(천호)
2010년 7월 31일	구내염 검진	1,900	푸른소아과
	약(해열제, 정장제)	900	은당약국
2010년 8월 5일	육아비	500,000	외할머니 · 외할아버지
2010년 9월 5일	육아비	500,000	외할머니 · 외할아버지
2010년 9월 10일	감기	2,900	푸른소아과
	감기약 처방	1,900	암사현대약국
2010년 9월 30일	감기	1,900	푸른소아과
	감기약 처방	1,000	은당약국
2010년 10월 5일	육아비	500,000	외할머니 · 외할아버지
2010년 10월 8일	감기	1,900	푸른소아과
	감기약 처방	1,200	은당약국
2010년 10월 14일	감기	1,900	푸른소아과
	감기약 처방	1,400	은당약국
2010년 10월 17일	돌 기념 식사비용	463,100	마린쿡
2010년 10월 18일	감기	1,900	푸른소아과
	감기약 처방	1,100	은당약국
2010년 10월 20일	감기	1,900	푸른소아과
	감기약 처방	1,600	은당약국
2010년 12월 8일	돌상용 고기	53,000	우리고기
	돌상 장보기	77,310	삼성홈플러스(강동)
	돌상 케이크	32,000	한스케익
	돌 사진 촬영	500,000	로엔스튜디오(서초)
①합계(임신~돌잔치):		12,823,374	
②육아용품 구입비용:		5,361,951	
김아라찬의 육아비용 합계(①+②):		18,185,325	

• 자료출처: 박성연, 『엄마가 쓰는 육아일기』, 국립민속박물관, 2011년, 178~179쪽

김아라찬 군의 육아비용을 출산 전후로 구분해서 살펴보면 임신부터 출산까지 약 500만 원 들었고, 출산 후 1년 동안 약 1300만 원 들었다. 그렇게 해서 임신 후 첫돌이 될 때까지 불과 2년도 채 안 되는 기간 동안 총 1800만 원이 넘게 들었다.

출산비용(임신~출산)

구분	비용
산전 검진비 및 검사비 등	1,196,064원
제왕절개 분만, 입원비 등	1,842,000원
산후조리원 등	1,830,000원
합계	**4,868,064원**

육아비용(출산~돌잔치)

구분	비용
예방접종, 병원비, 백일 · 돌잔치 등	2,955,310원
육아비(친정 부모님)	5,000,000원
육아용품	5,361,951원
합계	**13,317,261원**

아이 양육비와 관련된 또 다른 조사 결과를 살펴보자. 2012년 한국보건사회연구원과 보건복지부가 조사한 바에 따르면, 자녀 1명을 출생부터 대학졸업까지 양육하는 데 드는 비용은 교육비를 포함해 현재의 물가를 기준으로 평균 3억 896만 원으로 추정된다고 한다.

자녀가 둘이면 6억 원이 넘게 들고 셋이면 9억 원이 넘게 든다는 이야기다. 이쯤 되면 자녀를 셋만 낳아도 재벌이라는 소리를 듣는 게 전혀 어색하게 생각되지 않으며, 아이 갖기가 겁난다는 말도 결코 우스갯소리로 들리지 않는다. 이렇게 아이를 낳아 키우는 데 돈이 많이 들기 때문에 결혼을 하고도 아이 낳기를 미루는 신혼부부가 많다. 게다가 나의 부모 세대만 해도 아이를 셋 이상 낳아서 키웠지만 지금은 아이를 하나만 낳고 사는 사람들이 많다. 요즘에는 아이 셋을 데리고 다니면 길 가는 사람들로부터 놀랍다는 듯한 시선을 받는다.

나의 부모 세대에 비하면 세상은 놀라우리만치 풍요로워진 게 사실이지만, 그만큼 높아진 삶의 질을 추구하기 위해 지불해야 하는 생활비와 교육비가 소득에서 차지하는 비중 또한 높아졌다. 그렇기 때문에 우리 부모 세대가 아이 세 명을 양육하는 데 들인 비용과 지금 내가 아이 한 명을 양육하는 데 들이는 비용은 사실상 동등한 수준이라고 보면 맞을 것이다. 아이를 낳아서 키우는 데 경제적인 부담이 크지만 아이가 자라면서 부모에게 주는 기쁨이 워낙 크기 때문에 대다수의 부모들은 양육비 부담을 기꺼이 감수하며 지낸다. 그리고 형편이 넉넉하지 않더라도 아이가 자라는 모습을 보며 희망을 얻고 아이를 위해서라도 지금보다 더 나은 삶을 살기 위해 열심히 노력하게 된다. 그래서 오늘도 많은 엄마아빠들이 땀을 뻘뻘 흘리며 열심히 살고 있지 않은가? 다만 그렇더라도 양육비 부담을 무시할 수 없기 때문에 대다수의 사람들은 자신의 경제력을 고려해 자녀계획을 세우게 된다.

앞서 소개한 아이 양육비에 관한 조사 자료는 최소 비용이 아니라 평균적인 비용에 관한 것이다. 따라서 그보다 적게 쓰려고 마음먹으면 충분히 적게 쓸 수 있는 것이기 때문에 혹시라도 한숨을 내쉬는 독자가 있다면 너무 낙담할 필요가 없다. 아이를 키우면서 꼭 필요한 것과 그렇지 않은 것을 잘 구분해서 돈을 쓰려고 노력하면, 다른 사람들이 쓰는 평균적인 양육비보다 적은 비용을 지출하면서도 예쁘게 잘 키울 수 있기 때문이다.

내 아이를 남과 비교하지 마라

아이를 몇을 낳든 육아비용을 줄이려면 아이에게 드는 돈을 적게 쓰는 것 외에는 방법이 없다. 하지만 자신은 밥을 굶더라도 아이는 배불리 먹이고 싶은 게 모든 부모의 마음이다. 뿐만 아니라 내 아이에게는 남들이 하는 것 이상으로 해주고 싶은 것 또한 모든 부모의 마음이다. 그렇기 때문에 육아비용을 줄이고 싶다면 부모로서 아이를 위해 뭐든 다 해주고 싶어 하는 그 마음을 조금은 버릴 수 있어야 한다.

사실 엄밀히 말하면 아이는 돈의 개념에 대해 분명히 알기 전까지는 스스로 돈을 한 푼도 쓰지 않는다. 아이를 위해 돈을 쓰는 사람은 아이가 아니라 부모 자신이다. 아이가 입고 다니는 값비싼 수입 옷이나 유명 메이커의 신발도 아이가 원해서가 아니라 부모가 원해서 구입하는 것이다. 설령 아이가 어릴 때는 찢어진 옷을 입고 밑창이 떨어진 신발을 신고 다녀도 아이는 남의 시선을 의식하거나 창피하게 생각하지 않는다. 부모가 남의 시선을 의식하고 창피하게 생각할 뿐이다. 또한 수백만 원짜리 수입 유모차를 덥석 구입하는 것도 아이가 아니라 부모다. 이렇듯 아이에게 들어가는 돈은 아이의 의지와는 전혀 상관없이 부모가 원하는 대로 쓰는 경우가 대부분이라는 사실을 분명히 인식하게 되면, 육아비용을 줄일 수 있는 여지가 많이 보이기 시작한다. 아이에게 양질의 음식을 해먹이는 데 쓰는 비용과 병원비처럼 아이의 건강과 직결되는 돈은 쉽게 줄일 수 없다. 하지만 그 외에 옷, 신발, 장난감, 유모차, 교구재, 책 등 소모품에 쓰는 돈과 교육비 등은 내 자식은 최고로 키워야 한다거나 남들 하는 것만큼은 해줘야 한다는 생각을 버리면 충분히 줄일 수 있다. 이에 관해서는 내 아내의 사례를 이야기하면 이해가 쉬울 것 같다.

그동안 아내는 우리 딸에게 옷과 장난감을 새것으로 사준 일이

별로 없다. 아내가 외동딸임에도 새 옷을 잘 사주지 않는 이유는 아이가 금방금방 자라기 때문이다. 한 계절만 지나도 옷이 몸에 맞지 않으니 아내는 아이에게 새 옷을 사 입히는 게 낭비라고 생각했다. 그리고 장난감을 새것으로 잘 사주지 않는 이유는 아이가 새로 생긴 장난감을 열심히 갖고 노는 기간은 3~4일 정도이며 일주일만 지나면 아이의 관심 밖으로 밀려나는 경우가 많기 때문이다. 그래서 아내는 아이에게 새 장난감을 사주는 것 역시 낭비라고 생각했다. 그 외에도 아내는 아이의 연령별로 필요한 교구재와 책도 새것을 사준 일이 많지 않다.

그런데 아이 위로 오빠나 언니가 있는 게 아니기 때문에 쓰던 물건을 물려받을 수 없다는 게 문제다. 그래서 아내는 딸보다 한두 살 많은 아이를 키우는 친구나 지인으로부터 다른 아이가 쓰던 물건을 적극적으로 얻거나, 중고 육아용품을 거래하는 인터넷 중고시장에서 필요한 물건들을 구입했다. 그리고 아이가 자라면서 더 이상 필요 없게 된 물건은 그냥 버리지 않고 우리 딸보다 한두 살 어린 아이를 키우는 친구와 지인에게 나눠주거나 인터넷 중고시장을 통해 되팔았다. 그동안 내가 아내의 곁에서 지켜본 바로는 아이에게 꼭 필요한 육아용품과 교구재의 경우, 중고품을 구입한 뒤 깨끗하게만 사용하면 나중에 되팔 때도 구입할 때의 가격을 받을 수 있다. 예를 들어 1만 원을 주고 중고품을 구입하면 1년 뒤 다시 내다

팔 때도 1만 원을 받을 수 있다는 뜻이다. 아마 연령별로 아이에게 꼭 필요한 육아용품과 아이의 지능 및 신체 발달에 꼭 필요한 교구재는 수요에 비해 중고품의 공급이 적기 때문인 것으로 생각된다.

아내에게 중고 유모차를 판매한 주부는 물건을 택배로 보내면서 자신의 아이가 입던 옷과 장난감을 함께 묶어서 보내줬다. 이후에도 그와 비슷한 경험을 종종 했다. 아내도 다른 엄마에게 중고 육아용품을 판매하면서 비슷한 호의를 종종 베풀었다. 아이를 키우는 엄마들의 공감 때문인지는 몰라도 중고 육아용품 시장에서는 서로가 서로에게 인정을 베푸는 일도 많은 것 같다. 이렇게 중고용품을 구입해서 사용하다 필요가 없어지면 되팔고, 되판 돈으로 다시 새로운 중고용품을 구입해서 사용하기를 반복하다 보면 아이에게 다양한 장난감과 여러 종류의 교구재, 책 등을 부족하지 않게 제공해 줄 수 있다. 그리고 물건이 집 안팎으로 순환하기 때문에 집 안에 불필요한 짐이 늘어나지 않는다.

우리 부부는 아이의 돌잔치도 남들처럼 크게 벌이지 않고 간소하게 치렀다. 집 근처의 한식집을 예약해서 부모 형제와 가까운 친인척만 초대했고 돌상은 나와 아내가 직접 차렸다. 많은 부모들이 아이의 돌잔치 때 수십만 원을 지불하고 흔히들 제작하는 포토앨범 같은 것은 처음부터 고려 대상도 아니었다. 아이 교육비의 경우 우리 딸은 지난해까지 집 근처 공립초등학교의 병설유치원에 다녔는데 수업료가 월 3만 3000원밖에 들지 않았다. 게다가 정부에서 유아학비 지원을 받았기 때문에 사실상 무료로 다녔다. 그리고 우리 가족은 기독교인이 아니지만 집 근처의 교회에서 운영하는 문화센터에서 아이에게 3년째 발레 교습을 시키고 있다. 주 1회 수업을 받고 교습비는 월 2만 원을 지불한다. 그리고 역시 3년째 주민센터에서 운영하는 문화교실에서 미술 교습을 시키고 있는데, 주 1회 수업을 받고 교습비는 월 1만 원을 지불한다. 그 외에 도서관, 관공서, 유치원 등에서 운영하는 아동 대상 문화 프로그램과 교육 프로그램을 이용하면 많은 돈을 들이지 않고도 아이에게 다양한 경험을 시킬 수 있다.

집에서는 나와 아내가 아이에게 책을 무척 많이 읽어주는데, 그것보다 더 경제적이고 효과적인 교육 방법은 없다고 생각한다. 한 예로 아이에게 한글교육을 따로 시키지 않았는데 책을 많이 읽어주다 보니 아이가 어느 날부터 한글을 술술 읽기 시작했다. 그리고 요새는 영어책도 열심히 읽어주고 있다. 아이가 초등학교에 입학하기 전에 우리 부부가 읽어준 책이 어림잡아 2000권 이상 될 것이다. 책 한 권당 적게는 두 번 이상, 많게는 열 번 이상 반복해서 읽어줬으니까 책을 읽어준 횟수를 따지면 추산조차 하기가 어렵다. 그런데 사실 2000권이라고 해봐야 아이 책은 페이지당 문장이 서너 줄에 불과한 그림책이다. 따라서 엄마아빠가 조금만 신경을 쓰면 아이에게 다량의 책을 읽어주는 게 어려운 일이 아니다. 다만 아이의 책값이 비싼 편이기 때문에 2000권이 넘는 책을 전부 새것으로 사주려면 중형 자동차 한 대 값은 나갈 것이다. 하지만 새 책만 고집하지 말고 중고 책도 사주고, 도서관, 어린이 도서 대여점 등도 함께 이용하면 책값의 부담은 쉽게 해결된다. 향후 아이의 학년이 올라갈수록 교육비가 증가되겠지만 우리 부부는 아이의 사교육에 많은 돈을 들이기보다는 지금처럼 아이와 함께 책을 읽고 공부하는 시간을 많이 가질 계획이다. 이처럼 중고 육아용품을 적극적으로 구입하고, 다양한 교육 프로그램을 활용하고, 책을 많이 읽어주면 아이에게 들어가는 비용을 많이 줄일 수 있다.

● 존중받는 베이비시터가 아이에게 사랑을 베푼다

어린아이를 키우는 맞벌이 부부의 가장 큰 고민거리는 단언컨대 아이의 보육 문제다. 아이를 어린이집이나 유치원의 종일반에 보내거나 부모님께 맡기는 경우도 있지만 많은 맞벌이 부부가 엄마를 대신해서 하루 종일 아이를 돌봐줄 베이비시터를 고용한다. 그런데 그 경우 베이비시터에게 지불하는 비용도 큰 부담이지만 그보다 더 큰 걱정거리는 베이비시터가 아이를 정성껏 돌봐주지 않을지 몰라 생기는 불안감이다.

맞벌이를 하는 우리 부부 역시 아이의 생후 1년 뒤부터 초등학교에 입학하기 전까지 베이비시터를 고용했다. 그동안 베이비시터가 두 번 바뀌었는데 우리 부부의 사정이 아니라 그분들의 사정으로 할 수 없이 바뀐 것이다. 처음 3년 동안 아이를 돌봐주신 아주머니가 떠나시던 날, 아내는 못내 아쉬웠는지 아주머니의 손을 꼭 잡고 눈물을 흘렸다. 그러자 아주머니는 아내를 안아주며 그동안 딸 같았는데 자기도 너무 서운하다며 함께 눈물을 흘리셨다. 다행히 아이가 타고난 복이 있는지 모두 좋은 베이비시터들을 만나서 지금까지 밝고 건강하게 자라고 있기 때문에 무척 감사하게 생각한다. 내 아이를 돌보는 것도 체력적으로는 물론 정신적으로도 매우 힘든 일인데 남의 아이를 돌보는 일은 얼마나 더 힘들겠는가? 그래서 베이비시터에게 더더욱 고마움을 느끼게 된다.

내 지인들 중에서도 베이비시터를 고용하고 있는 맞벌이 부부가 여럿 있으며, 재무상담을 하다 보면 베이비시터를 고용하고 있는 맞벌이 부부를 종종 만나게 된다. 그중에는 베이비시터를 자주 교체하는 바람에 아이에게 심리적인 문제가 생겼다는 부부도 있었다. 그런데 베이비시터에게 아이를 돌보는 일 외에 청소, 빨래, 설거지 등 집안일까지 요구하는 사람들이 있다. 그렇다고 그에 상응하는 보수를 추가로 지불하는 것도 아니다. 왜냐하면 집안일도 베이비시터가 당연히 해야 하는 일이라고 생각하기 때문이다. 사람마다 생각이 다른 것을 '옳다' '틀리다' 말할 수 없는 것이지만 나는 베이비시터를 바라보는 그런 시각을 바꿀 필요가 있다고 생각한다.

우리 부부는 지금까지 베이비시터에게 아이를 돌보는 일 외에 집안일을 요구한 적이 단 한 번도 없다. 베이비시터가 처음 며칠 동안은 청소나 빨랫거리를 달라는 경우가 있었지만 우리 부부는 집안일은 절대로 신경 쓰지 말고 아이만 잘 돌봐주시면 된다고 이야기했다. 아이를 돌보는 일만 해도 신경 쓸 게 많은데 집안일까지 맡기면 그만큼 아이를 돌보는 일에 소홀해질 수밖에 없다. 그에 상응하는 보수를 추가로 지불하더라도 마찬가지다. 매일 집안일까지 도맡아 하느라 베이비시터가 체력적으로 부담을 느끼면 그만큼 아이를 돌보는 데 무리가 생길 수밖에 없다. 나 역시 몸이 힘들면 만사가 귀찮아지는데 베이비시터라고 다를 게 없기 때문이다. 게다가 베이비시터가 대체로 연령이 50대 이상의 장년층인 경우가 많기 때문에 집안일과 아이 돌보는 일을 함께하려면 젊은 사람들에 비해 체력적으로 더 부담이 될 것이다.

그 외에 나는 간혹 낮에 집에 들러야 할 때가 있는데 그때마다 미리 아주머니에게 전화를 드리고 집에 잠깐 들를 일이 있다고 알려드렸다. 그렇지 않고 낮에 불쑥 집에 들어오면 당황하거나 혹시 감시하려는 것으로 오해를 할 수 있기 때문이다. 아주 가끔 싫은 소리를 해야 할 때는 최대한 예의를 갖춰서 점잖게 말씀드렸다. 나와 아내가 인격적으로 우월해서 그렇게 행동한 게 아니라 내 아이를 위해서 그렇게 처신했다. 왜 그것이 아이를 위한 일인지는 입장을 바꿔놓고 생각해보면 쉽게 이해할 수 있다. 만약 내가 베이비시터라면 아이의 부모가 출근하면서 청소, 빨래, 설거지까지 시키고 수시로 잔소리를 한다거나 낮에 집에 불쑥 들이닥쳐서 감시한다는 인상을 준다면 아이에게 진심으로 사랑을 베풀지 못할 것이다. 돈을 벌어야 하니까 할 수 없이 한다는 마음으로 아이를 물건 대하듯이 돌보게 될 것 같다. 그러면 당연히 아이에게 피해가 생긴다. 나는 그 피해가 당장 눈에 띄지 않더라도 아이가 성장하면서 성격적으로 상당한 문제를 일으킬 수도 있다고 생각한다. 만약 그렇게 되면 그 뒷수습에 대한 책임은 결국 우리 가족의 몫으로 남게 된다. 부모님께 아이를 맡기는 경우 아침에 출근하면서 청소와 빨래 그리고 설거지까지 다 해놓으시라고 요구하는 자식은 없을 것이다. 베이비시터가 보편적인 인성을 갖춘 사람이라면 그녀를 부모처럼 또는 친누이처럼 대해주면 아이에게 진심으로 사랑을 베풀 것이다.

5장

내 집 마련, 소비의 관점에서 판단하라

집을 바라보는 두 가지 시선

2008년 글로벌 금융위기 이후 서울, 경기, 인천 등 수도권 지역의 주택시장 침체가 장기간 지속되면서, 사람들이 나에게 흔히 하는 질문 중 하나가 지금 집을 사도 괜찮을지 아니면 더 기다리는 게 좋을지에 관한 것이다. 집을 가진 사람 중에서도 계속 보유하는 게 좋을지 아니면 지금이라도 파는 게 좋을지 묻는 경우가 있다. 무주택자는 집값이 더 떨어질 것 같은데 지금 집을 사면 손해를 보게 되지 않을까 걱정하고, 유주택자는 지금이라도 집을 팔아야 조금이라도 손해를 줄일 수 있지 않을까 걱정하는 것이다.

집값이 오르막길을 걷던 2007년까지만 해도 많은 사람들이 내 집 마련에 필요한 종잣돈이 마련되면 부족한 돈은 대출을 받거나 전세를 끼고서라도 당연히 집(주로 아파트)을 사야 하는 것으로 생각했다. 하지만 집값이 내리막길을 걷기 시작한 뒤로 많은 사람들이 돈이 있어도 집 사기를 주저한다. 아니, 두려워한다고 말하는 게 좀 더 정확한 표현인 것 같다. 반면에 그동안 지방의 주택시장은 수도권 지역의 주택시장과는 대조적인 모습을 보였다. 수도권 지역의 집값이 거침없이 오르는 동안 꿈쩍도 하지 않던 지방의 집값은 글로벌 금융위기 이후 부산을 시작으로 울산, 광주, 대구, 대전 등 광역시를 중심으로 크게 올랐다. 하지만 2011년을 정점으로 지방의 주택시장을 이끌었던 부산의 집값이 하락세로 돌아섰고, 그 외의 지역에서도 오름세가 주춤하는 양상이다. 또한 최근(2013년) 들어 각 지역의 주택 거래량이 크게 감소했고 미분양주택도 늘고 있다. 현재 지방의 주택시장이 더 높이 도약하기 위해 숨 고르기를 하는 것인지 아니면 추락을 위해 날개를 접은 것인지 향후 귀추가 주목된다.

지금 집을 사도 괜찮을지, 또는 지금이라도 집을 팔아야 할지에 관한 문제는 쌀 때 사서 비쌀 때 파는 게 원칙인 투자관점에서 바라보면 판단하기가 매우 어렵다. 예를 들어 지금 당신이 집을 살까 말까 고민한다고 가정해보자. 당신은 무엇보다 먼저 향후 집값이 위로 향할지 아래로 향할지 점쳐야 한다. 만약 아래로 향할 것 같다면 주택시장이 바닥에 닿았다는 확신이 들 때까지 집을 사지 말고

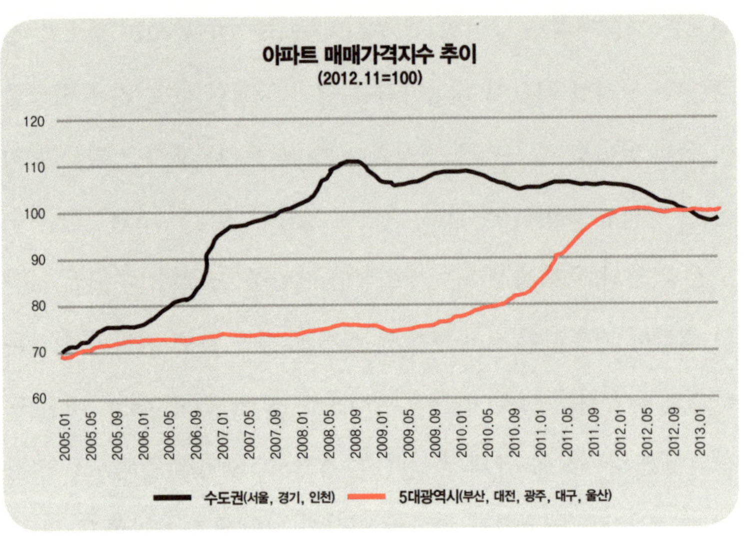

*통계청자료 분석

기다려야 할 것이다. 또는 좀 더 안전하게 투자하려면 주택시장이 바닥을 지나 상승세로 돌아섰다는 확신이 들 때까지 기다려야 할 것이다. 물론 그때가 언제가 될지는 알기 어렵다. 사실 집값이 지금 바닥인지, 무릎인지, 아니면 이제 겨우 대세 하락의 진입 단계인지 누가 정확히 알 수 있겠는가? 이에 관해서는 누구나 자유롭게 주장하고 판단할 수 있지만 결과에 대해서는 아무도 장담하지 못한다. 아마 신神들 사이에서도 낙관론과 비관론이 대립하고 있을 것이다. 미래를 점치는 것은 그만큼 어려운 일이다.

하지만 집 구매에 관한 문제를 가족과 함께 편히 쉬고 잠자는 게 목적인 거주관점에서 바라보면 판단하기가 비교적 어렵지 않다. 그때는 향후 주택시장의 전망이 크게 중요한 문제가 아니기 때문이다. 설령 집을 산 뒤 값이 떨어져도 집이 무너져 내리지는 않기 때문에 가족과 함께 쉬고 잠자는 데 전혀 문제가 없다. 따라서 향후 주택시장의 전망과 상관없이 거주하고 싶은 지역에서 마음에 드는 집을 사면 된다.

그리고 시멘트 덩어리를 구입하고 나면 시간이 지날수록 그 값이 점점 떨어지는 게 당연한 일이기 때문에 집값이 떨어지는 것에 대해 너무 민감하게 반응할 이유가 없다. 그건 자동차를 구입하고 나면 시간이 지날수록 값이 점점 떨어지는 것과도 같다. 그 사실을 뻔히 알면서도 사람들은 자동차가 주는 편의를 누리기 위해 비싼 값을 기꺼이 치르고 자동차를 산다. 자동차를 사면서 향후 자동차시장의 전망을 궁금해하는 사람은 없다. 소득과 준비된 자금, 가족 수 등을 고려해 중대형 차를 살 것인지 아니면 그보다 값이 싸고 유지비용이 적게 드는 소형차를 살 것인지 결정한 뒤 마음에 드는 차종을 구입할 뿐이다. 집에는 시멘트 덩어리 외에도 생산과 이동이 불가능한 토지가 딸려 있다는 점을 빼면 자동차와 별반 다를 게 없다. 따라서 집을 투자관점이 아닌 거주관점에서 바라보면 향후 주택시장의 전망보다는 내 집이 주는 편의를 누리기 위해 비싼 값을 기꺼이 치를 의사가 있는지가 더 중요한 문제가 된다. 집을 사기로 결정했다면 소득과 준비된 자금, 가족 수 등을 고려해 중대형 주택을 구입할 것인지 아니면 그보다 값이 싸고 관리비용과 보유비용이 적게 드는 소형 주택을 구입할 것인지 결정한 뒤 마음에 드는 집을 사면 된다. 다만 거주관점에서 판단하더라도 투자가치가 높은 집을 사기 위해 노력할 필요는 있다. 이때 명심해야 할 것은 집의 투자가치와 주택시장의 전망은 별개라는 것이다.

　내가 당신의 이해를 돕기 위해 집을 자동차와 비교했지만 집은 부동산이고 자동차는 소모품이기 때문에 그 둘을 동일한 잣대로 단순 비교하는 것은 사실 무리다. 또한 집은 자동차보다 적어도 10배 이상 더 비싸기 때문에 집을 살 때는 자동차를 살 때보다 10배 이상 더 신중해야 한다. 대부분의 사람들이 가진 돈을 전부 털다시피 해서 집을 사는 점을 고려하면, 어떤 경우에도 집이 지닌 부동산으로서의 투자가치를 무시한 채 구매 결정을 하는 것은 바람직하지 않다. 아무리 거주관점에서 집을 사더라도 평생 동안 한 집에서만 지내기는 어려운 일이다. 직장 때문이든 자녀교육 때문이든 언젠가 한두 번이라도 이사할 일이 생기게 마련이며, 설령 그런 일이 없더라도 집(건물)의 수명이 다하면 허물고 새로 짓거나 이사를 해야 한다. 그런데 만약 다른 집은 전부 값이 오를 때 내 집만 제자리를 지키거나 다른 집은 값이 1000만 원 떨어질 때 내 집만 2000만 원 떨어진다면 다른 집과의 가격 차이가 벌어지기 때문에, 내 집을 팔고 다른 집을 구입할 때 또는 내 집에 세를 주고 다른 집에 세를 얻을 때 벌어진 가격 차이만큼 비용 부담이 증가될 수밖에 없다. 그런 위험을 줄이기 위해서는 눈에 띈다고 아무 집이나 사지 말고, 준비된 자금이 허락하는 범위 내에서 투자가치가 높은 집을 사기 위해 노력할 필요가 있다.

그러면 집의 투자가치를 결정하는 것은 무엇일까? 집은 건물과 토지로 구성된다. 그런데 건물은 시간이 지나면 노후화되고 언젠가 수명이 다하면 허물게 되는 소모품이다. 결국 남는 것은 토지 밖에 없다. 따라서 집의 투자가치는 그것이 깔고 앉은 토지에 의해 결정되며, 토지는 곧 부동의 위치를 뜻한다. 그리고 교통, 교육, 학군, 쾌적성, 편의시설 등 거주 환경이 좋아서 많은 사람들이 선호하는 지역에 위치한 집이 당연히 투자가치가 높다. 투자가치가 높은 집은 주택시장이 오르막길을 걸을 때에는 값이 오를 가능성이 높고 주택시장이 계속 내리막길을 걷더라도 다른 집에 비해 값이 적게 떨어질 것이다. 따라서 주택시장의 호불황과 상관없이 다른 집과 비교한 내 집의 상대적인 자산가치가 보존될 가능성이 높다.

지금까지 살펴본 것처럼 집을 사고파는 문제는 집을 어떤 관점에서 바라볼 것인지에 따라 확연히 달라지기 때문에, 집 구매나 보유 여부를 결정하려면 그에 앞서 집을 투자관점에서 바라볼 것인지 거주관점에서 바라볼 것인지 먼저 선택해야 한다. 그러고 나서 집을 사든 팔든 해야 나중에 후회하게 될 가능성이 적을 것이다.

집도 소비된다

영어로 하우스house와 홈home은 둘 다 집을 뜻한다. 하지만 그 의미는 서로 다르다. '하우스'는 건물과 토지가 결합된 '부동산'으로서의 집을 뜻하고, '홈'은 가족과 함께 거주하는 '보금자리'로서의 집을 뜻한다. 따라서 집이 가진 본연의 의미를 가장 잘 표현한 것은 하우스가 아닌 홈이다. 왜냐하면 애초에 인간이 집을 지은 목적은 가족과 함께 머물 안전한 보금자리를 소유하기 위해서지 부동산을 소유하기 위해서가 아니기 때문이다. 하지만 그동안 많은 사람들이 부동산을 소유하기 위해 집을 샀다. 돈이 부족하면 대출을 받거나 전세를 끼고 집을 샀으며, 한 채로는 모자라 여러 채를 산 사람들도 많았다. 그리고 돈(시세차익)을 벌기 위해 집을 몇 번씩 사고팔았다. 그렇지 않은 사람이라도 별반 다른 게 없었다. 왜냐하면 그 외에 많은 사람들이 내 집 마련을 하고 나면 집값이 올라 자산을 늘릴 수 있다고 생각했기 때문이다.

하지만 2008년 글로벌 금융위기 이후 상황은 급변했다. 2006~2007년의 고점 대비 30% 이상 값이 떨어진 집들이 수두룩하고,

집값이 고점일 때 과도한 대출을 받거나 전세를 끼고 집을 산 사람들은 현재 하우스푸어나 깡통주택의 주인이 돼 고통받고 있다. 그들이 고통에서 벗어날 수 있는 방법은 집을 팔거나 다운사이징을 해서 부채를 줄이는 것뿐이다. 그래서 그들은 손해를 보고서라도 집을 팔려고 하지만 거래가 안 되기 때문에 쉽게 집을 팔 수도 없다. 그 결과 은행에 의해 경매 처분되는 집이 점점 늘어나고 있으며 그로 인해 보증금을 떼이는 세입자들까지 덩달아 늘어나고 있다. 과거에는 주택시장이 침체됐다가도 2~3년이 지나면 다시 회복됐지만 이번에는 좀처럼 그런 기미가 보이질 않는다. 또한 과거에는 주택시장이 침체되면 저가 매수의 기회로 보고 집을 사는 사람들이 많았지만 이제 사람들은 돈이 있어도 집값이 더 떨어질 것으로 생각하고 집 사기를 주저한다. 그리고 집값이 많이 떨어졌다고는 해도 여전히 비싸다고 생각하는 사람들도 많다.

향후 주택시장이 어떤 방향으로 흘러갈지 알 수 없지만 여러 정황을 살펴보면 앞으로도 오랫동안 침체를 벗어나기는 어려울 것으로 보인다. 또한 여러 경제전문가들이 우리나라의 경제성장률 저하, 주택의 주요 구매층인 30~40대 인구의 지속적인 감소, 노후자금이 부족한 베이비붐 세대 은퇴자들이 주택을 대량으로 처분하게 될 가능성 등을 이유로 들며 향후 주택시장은 침체를 벗어나기 어렵고, 침체를 벗어나더라도 더 이상 과거처럼 집값이 많이 오르기는 어렵다고 주장한다. 그들의 주장대로라면 이제 투자관점에서 하우스(부동산)를 소유하기 위해 집을 사기보다는 거주관점에서 홈(보금자리)의 구매 여부를 결정해야 하는 시대가 된 것이다.

나는 평소에 여러 분야의 전문가들이 내놓는 분석자료나 전망을 눈여겨보는 편이지만 그것에 의지해서 의사결정을 하지는 않는다. 전망이라는 것은 맞거나 틀리거나 둘 중 하나이므로 정보로서의 가치가 크지 않다고 생각하기 때문이다. 다만 2007년 이후 주택시장의 추세는 상승 국면에서 하강 국면으로 꺾인 게 분명한 사실이며, 지방을 제외하면 6년이 지나도록 추세가 반전되지 않고 있는 점, 많은 사람들이 돈이 있어도 집 사기를 주저하는 점, 경기침체가 지속되고 있는 점 등은 향후 주택시장의 장기적인 전망을 낙관적으로 보기 어려운 충분한 이유가 된다고 생각한다.

물론 주택시장이 상승세로 돌아서 집값이 다시 오르게 될 가능성은 얼마든지 있다. 몇 가지 예를 들면 수도권 지역의 경우 최근 수년 동안 집값은 떨어진 반면에 전세 수요가 체증되면서 전셋값은 가파르게 오르고 있다. 2013년 4월 전국의 주택 매매가격 대비 전세가격의 비율이 60%를 넘어섰는데 지방은 말할 게 없고 수도권 지역에서조차 그 비율이 80%가 넘는 곳도 있다. 그리고 주택담보대출의 금리는 유례없이 낮은 수준이다. 만약 이런 추세가 지속된다면 집값과 전셋값의 차이는 점점 더 좁아질 것이고, 대출이자의 부담이 크지 않기 때문에 전세 수요자 사이에서 차라리 집을 사는 게 낫다는 심리가 확산된다면 집값은 오를 가능성이 있다. 또한 2013년 4월 정부가 주택 취득세 감면 혜택 등이 포함된 부동산 대책을 발표하자 수도권 지역을 중심으로 집값이 오르고 거래량도 증가하는 모습을 보였다. 그리고 세제혜택이 끝나자 다시 거래가 사라졌다. 이처럼 정부의 부동산 정책에 의해 주택시장이 크게 영향을 받기 때문에 향후 정부가 주택 구입을 유도하는 획기적인 정책을 내놓는다면 그것이 집값 상승의 동력으로 작용할 수도 있다. 그 외에 주택 공급이 수요에 크게 못 미치는 상황이 발생해도 집값은 오를 것이다. 하지만 나는 집값이 오르든 떨어지든 상관없이 지금처럼 주택시장의 침체가 유례없이 오랫동안 지속되는 상황에서는 집을 순수하게 거주관점에서 바라보고 구매 여부를 결정하는 것에 대해 깊이 고민해볼 필요가 있다고 생각한다. 다시 말하면 집을 투자재가 아닌 자동차처럼 소비재로 간주하고 구매와 보유 여부를 결정하는 것에 대해 고민해볼 필요가 있다는 뜻이다.

집값이 계속 떨어지면 집 가진 사람만 손해를 볼까?

만약 지금과 같은 주택시장의 침체가 앞으로도 20년쯤 지속된다면, 그래서 집이 부동산으로서 지닌 자산증식의 기능을 상실하고 자동차처럼 구입 즉시 값이 떨어지기 시작하는 소모품이 된다면 내 집 마련을 하는 게 유리할까 전세나 월세로 지내는 게 유리할까? 단순히 생각하면 집값이 계속 떨어지니까 집 가진 사람만 손해를 보고 전세나 월세로 지내는 사람은 상대적으로 이득을 볼 것 같지만 문제가 그렇게 단순하지 않다.

현재 우리나라의 자가주택보유율은 60% 정도다. 즉, 10가구 중 4가구는 무주택가구다. 서울은 2가구 중 1가구가 무주택가구다. 무주택가구는 대부분 다주택자가 보유한 주택에서 전세나 월세로 거주하고 있다. 집을 한 채만 보유한 가구가 자기 집을 세 주고 다른 집에 세 들어 거주하는 것도 다주택자가 존재하기 때문에 가능한 일이다. 집값이 오르는 시기에 집주인(다주택자)은 임대수익보다는 집값 상승에 따른 자본이득(자산의 가격이 올라 생기는 이득)에 더 많은 관심을 갖는다. 그래서 세입자로부터 월세를 받기보다는 목돈인 전세금을 받기를 선호한다. 왜냐하면 무이자 대출과 다름이 없는 전세금을 레버리지(지렛대) 삼아서 적은 자본을 갖고도 집을 여러 채 구입할 수 있고, 집값이 오르면 월세를 받는 것보다 이익이 더 크다고 생각하기 때문이다. 뿐만 아니라 집값이 오르고 나면 임대료 역시 따라서 오르기 때문에 집주인은 일거양득의 효과를 얻게 된다.

반면에 집값이 정체되거나 떨어지는 시기에 집주인은 자본이득보다는 임대수익에 더 많은 관심을 갖는다. 왜냐하면 집값 상승을 기대하기 어려운 만큼 임대수익으로 충분히 보상을 받으려고 하기 때문이다. 그래서 세입자에게 임대료 인상을 요구한다. 집주인이 세입자의 딱한 사정을 배려해서 임대료를 동결하거나 낮춰주는 것도 집값이 올라서 집주인의 기분이 좋을 때나 바랄 수 있는 일이다. 그리고 만약 집이 정말 소모품처럼 구입 즉시 값이 계속 떨어지기만 한다면 집주인은 그 손해를 세입자에게 전가하려고 할 것이다. 그렇지 않으면 집값 하락에 따른 자본손실은 물론 소득세, 재산세 등 각종 세금과 유지수선비까지 집주인이 전부 떠안아야 하기 때문이다. 집주인은 임대사업을 하는 사람이지 자선사업을 하는 사람이 아니기에 절대로 손해 보는 장사를 하려고 하지 않을 것이다. 따라서 집값 상승을 전혀 기대할 수 없는 상황이 지속된다면 집주인은 임대료를 지금보다 큰 폭으로 인상할 것이다. 그렇기 때문에 집이 소모품이 될 경우 내 집 마련을 하는 게 유리할지, 아니면 전세나 월세로 거주하는 게 유리할지 판단하려면 내 집에서 거주할 때와 남의 집에서 전세나 월세로 거주할 때 중 어떤 경우에 비용이 더 적게 지출되는지 손익을 먼저 따져봐야 한다.

그런데 지금껏 내가 말한 내용만 보면 집주인은 집값이 오르든 떨어지든 항상 이득만 보고 세입자는 상대적으로 손해만 볼 것 같지만 꼭 그렇지는 않다. 집값과 마찬가지로 임대료도 수요와 공급의 법칙에 의해서 결정되기 때문에 상황은 늘 유동적이다. 예를 들어 세상에 임대주택이 단 한 채뿐이고 세입자도 단 한 가구뿐이라면 수요와 공급이 정확히 일치하기 때문에 집주인과 세입자 모두가 공정하다고 생각하는 수준에서 임대료가 결정될 것이다. 하지만 임대주택은 한 채뿐인데 세입자는 두 가구라면 그때는 집주인이 부르는 게 값(임대료)이 될 것이다. 반대로 임대주택은 두 채이고 세입자는 한 가구뿐이라면 그때는 세입자가 부르는 게 값이 될 것이기 때문에 집주인이 임대료를 대폭 낮춰서라도 세입자를 모셔 와야 하는 역전세난이 생길 것이다. 이처럼 임대료는 그 원인이 무엇이든 결국 수요와 공급의 변동에 따라 결정될 것이기 때문에 집값이 오르든 떨어지든 집주인만 이득을 보고 세입자는 손해만 본다고 말할 수 없는 것이다.

다만 세상의 모든 집주인을 하나의 그룹으로 보고 세상의 모든 세입자 역시 하나의 그룹으로 본다면 '집주인 그룹'이 '세입자 그룹'에 비해 손해를 보는 경우는 없을 것이다. 단지 집주인 그룹 내에서 상대적으로 많은 이득을 보는 사람이 있고 적은 이득을 보거나 손해를 보는 사람이 있을 뿐이다. 만약 그렇지 않고 집주인 그룹이 세입자 그룹에 비해 손해를 본다면 주택임대사업은 이미 오래 전에 자취를 감추었을 것이다. 어느 누가 밑지는 장사를 하려고 하겠는가?

집값은 떨어지는데
집을 사야 할까?

앞서 질문한 대로 만약 지금과 같은 주택시장의 침체가 앞으로도 20년쯤 지속된다면, 그래서 집이 부동산으로서 지닌 자산증식의 기능을 상실하고 자동차처럼 구입 즉시 값이 떨어지기 시작하는 소모품이 된다면 내 집에서 거주할 때와 남의 집에서 전세나 월세로 거주할 때 중 어떤 경우에 비용이 더 적게 들까? 지금부터 그 손익을 따져보자.

집은 건물과 토지로 구성된다. 그런데 건물은 시간이 지나면 노후화되고 언젠가 수명이 다하면 허물고 다시 지어야 한다. 따라서 건물의 가치는 신축 당시에 가장 크고 시간이 지날수록 감소하는데 우리나라에서는 건물의 수명을 건축재료, 구조, 용도 등에 따라 통상 20~40년(법인세법의 기준내용연수)으로 본다. 그래서 기업의 경우 회사가 보유한 건물가치의 감소분을 '감가상각비'라는 명목으로 매년 손익계산서상에 비용으로 회계 처리한다.

- 기업의 영업이익 = 매출액 − 매출원가 − 각종 영업비용
  - 감가상각비(건물, 기계, 설비 등의 가치감소분)

이처럼 집을 구성하는 건물의 가치가 시간이 지나면서 감소하기 때문에 집값도 시간이 지나면서 당연히 떨어져야 정상이다. 그럼에도 불구하고 집값이 변함이 없거나 오른다면 그 이유는 집에 딸린 토지의 가치가 증가하기 때문이다. 쉽게 말하면 집값이 오르는 이유는 땅값이 오르기 때문이다. 예를 들어 집값이 2억 원인데 건물(신축건물)과 토지의 가치가 각각 1억 원이고 건물의 가치는 매년 1000만 원씩 감소한다고 가정해보자.

- 집 2억 원 = 건물 1억 원 + 토지 1억 원
- 건물의 가치는 매년 1000만 원씩 감소

만약 토지의 가치가 전혀 증가하지 않는다면 집값은 건물가치의 감소분만큼 매년 떨어지게 된다.

① 토지가치의 증가분 = 0원

- 현재: 집 2억 원 = 건물 1억 원 + 토지 1억 원

- 1년 뒤: 집 1억 9000만 원 = 건물 9000만 원 + 토지 1억 원

- 2년 뒤: 집 1억 8000만 원 = 건물 8000만 원 + 토지 1억 원

- 3년 뒤: 집 1억 7000만 원 = 건물 7000만 원 + 토지 1억 원

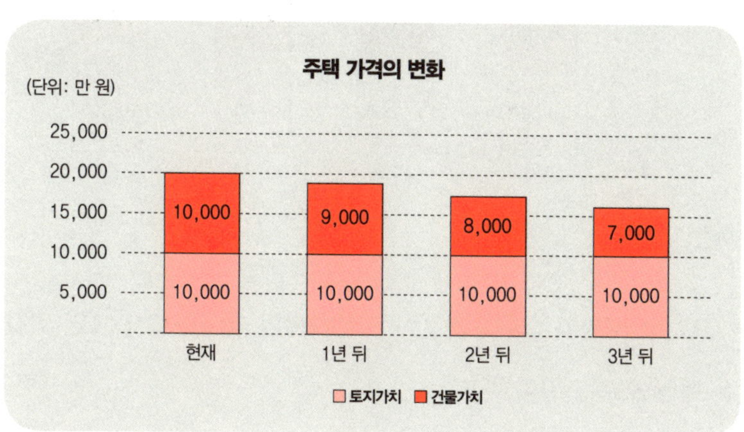

만약 토지의 가치도 시간이 지날수록 감소한다면(땅값도 떨어진다면) 집값은 더 큰 폭으로 떨어진다. 반면에 토지가치의 증가분이 건물가치의 감소분과 동일하면 집값은 매년 변함이 없게 된다.

② 토지가치의 증가분 1000만 원 = 건물가치의 감소분 1000만 원

- 현재: 집 2억 원 = 건물 1억 원 + 토지 1억 원

- 1년 뒤: 집 2억 원 = 건물 9000만 원 + 토지 1억 1000만 원

- 2년 뒤: 집 2억 원 = 건물 8000만 원 + 토지 1억 2000만 원

- 3년 뒤: 집 2억 원 = 건물 7000만 원 + 토지 1억 3000만 원

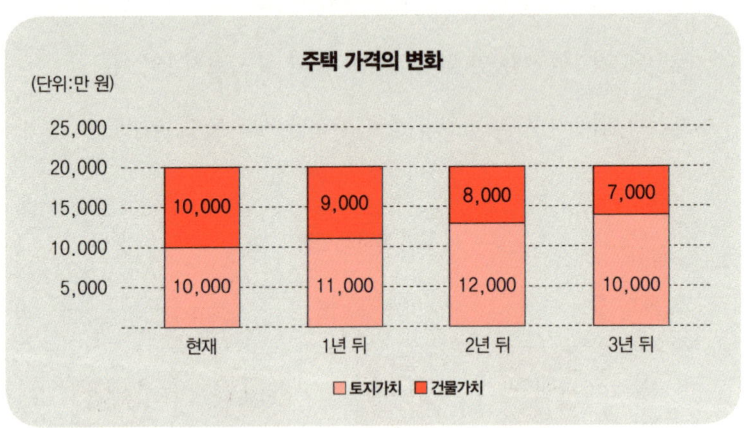

그리고 토지가치의 증가분이 건물가치의 감소분보다 크면 집값은 매년 오르게 된다.

③ 토지가치의 증가분 2000만 원 〉 건물가치의 감소분 1000만 원

- 현재 : 집 2억 원 = 건물 1억 원 + 토지 1억 원

- 1년 뒤: 집 2억 1000만 원 = 건물 9000만 원 + 토지 1억 2000만 원

- 2년 뒤: 집 2억 2000만 원 = 건물 8000만 원 + 토지 1억 4000만 원

- 3년 뒤: 집 2억 3000만 원 = 건물 7000만 원 + 토지 1억 6000만 원

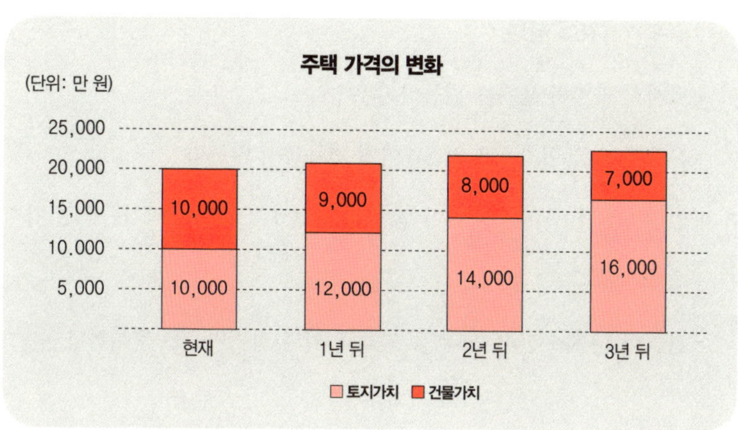

그런데 지금 우리는 집이 구입 즉시 값이 떨어지기 시작하는 소모품으로 가정하고 내 집에서 거주할 때와 남의 집에서 전세나 월세로 거주할 때 중 어떤 경우에 비용이 더 적게 지출되는지 따져보려고 한다. 따라서 토지의 가치가 전혀 변동하지 않는다고 가정하고 자기 소유의 집에서 거주할 때의 비용과 전세나 월세로 거주할 때의 비용을 비교해보면 어떤 경우가 더 유리한지 판단하는 데 무리가 없을 것이다. 우선 사례를 단순화하기 위해 다음과 같이 몇 가지 가정을 하자.

- 집값은 2억 원이며 건물(신축건물)과 토지의 가치는 각각 1억 원이다.
- 건물의 수명은 40년이다.
- 건물의 가치는 매년 250만 원(감가상각비)씩 균등하게 감소해 40년

뒤에는 0원이 된다.

- 토지의 가치와 물가는 변동하지 않는다.

- 은행의 예금 이자율은 연 3%이며 변동하지 않는다.

- 임대주택의 수요와 공급이 일치해 임대료(전세금, 월세)는 공정 가격
  을 유지한다.

- 관리비, 유지수선비, 세금 등 임대료 외의 거주비용은 무시한다.

이상과 같은 가정하에 지금부터 자기 소유의 집에서 거주할 때와 전세, 월세로 거주할 때의 비용을 비교해보겠다.

① 내 집에서 거주할 때의 비용

자기 소유의 집에서 거주할 때의 비용은 매년 건물의 감가상각비 250만 원과 집값 2억 원을 은행에 예금(이자율 연 3%)하지 못해 잃게 되는 기회비용 600만 원을 합한 것이다.

자가 거주비용(年) = 250만 원(감가상각비) + 600만 원(기회비용)

= 850만 원

집을 사지 않고 2억 원을 은행에 예금하면 매년 3%의 이자 600만 원을 받을 수 있는데 집을 사면 그 이자를 포기해야 하므로 거

주비용으로 간주할 수 있다. 그리고 주택담보대출을 받은 경우 대출금 이자도 거주비용에 포함해야 하지만 여기서는 편의상 대출금이 없는 것으로 가정했다.

② 전세로 거주할 때의 비용

전세율(집값 대비 전세금의 비율)은 전세시장의 수요와 공급에 따라 통상 40~60% 사이에서 형성되는데 그 중간 값인 50%로 가정하면 세입자가 집주인에게 지불해야 하는 전세금은 1억 원이다. 그리고 건물의 감가상각비는 세입자가 아닌 집주인이 부담한다. 따라서 전세로 거주할 때의 비용은 전세금 1억 원을 은행에 예금하지 못해 잃게 되는 기회비용 300만 원이 전부다.

$$전세\ 거주비용(年) = 300만\ 원(기회비용)$$

③ 월세로 거주할 때의 비용

월세율(전세금을 월세로 전환할 때 적용되는 이자율)은 월세시장의 수요와 공급에 따라 통상 연 6~12% 사이에서 형성되는데 예금 이자율의 2배인 연 6%로 가정하자. 그리고 편의상 보증금 없이 전세금 1억 원을 전부 월세로 전환(1억 원×연 6%)한다고 가정하면 세입자가 집주인에게 지불해야 하는 월세는 연간 600만 원(월 50만 원)이다. 감가상각비는 전세로 거주할 때와 마찬가지로 집주인이 부담한다.

$$\text{월세 거주비용}(年) = 600만 원(월세)$$

이상의 내용을 정리하면 내 집에서 거주할 때는 매년 850만 원을 지출해야 하고 전세로 거주할 때는 매년 300만 원, 월세로 거주할 때는 매년 600만 원을 지출해야 한다. 따라서 전세가 비용 측면에서 가장 유리하며 내 집 마련을 하지 않고 전세로 거주하면 매년 550만 원(850만 원-300만 원)이나 절약되는 셈이다. 월세로 거주해도 내 집에서 거주할 때보다는 비용이 매년 250만 원이나 절약된다. 만약 매년 집값이 떨어지니까 그에 비례해서 전세금과 월세가 인하된다고 가정하면 전세나 월세로 거주할 때의 비용은 시간이 지날수록 점점 줄어들기까지 한다. 따라서 내 집에서 거주할 때와 남의 집에서 거주할 때의 비용 차이는 시간이 지날수록 점점 더 커진다. 게다가 내 집에서 거주하는 경우 40년이 지나면 건물을 허물고 새로 지어야 하기 때문에 건축비 1억 원을 또다시 지출해야 한다.

이처럼 집 한 채를 소유함으로써 부담해야 하는 비용은 전세나 월세와 비교하면 상당히 크다. 이렇게 큰 비용을 부담하면서까지 내 집을 마련하려고 애쓸 필요가 있을까? 만약 상황이 이렇다면 아마 대다수의 사람들이 평생 동안 비용이 가장 적게 드는 전세로 거주하려고 할 것이다. 그런데 이 문제를 세입자의 입장이 아닌 집주인(임대사업자)의 입장에서 한번 생각해보자.

집주인은 집 한 채를 소유함으로써 매년 850만 원을 주택보유비용으로 지출해야 한다. 그리고 전세로 임대하면 세입자로부터 전세금 1억 원을 받을 수 있고 그 1억 원을 은행에 예금하면 이자로 매년 300만 원을 받을 수 있다. 따라서 집주인은 매년 550만 원을 손해 본다.

집주인의 연소득 = 300만 원(예금이자) − 850만 원(주택보유비용)

= −550만 원(손해)

월세로 임대하면 세입자로부터 월세로 매년 600만 원을 받을 수 있다. 따라서 전세로 임대하는 것보다는 낮지만 그래도 매년 250만 원을 손해 본다.

집주인의 연소득 = 600만 원(월세) − 850만 원(주택보유비용)

= −250만 원(손해)

따라서 전세든 월세든 집주인은 무조건 손해만 보게 된다. 사정이 이렇다면 집주인은 임대사업을 그만두거나 임대료를 인상해야 한다. 그렇지 않으면 계속 밑지는 장사를 해야 한다. 그런데 집주인은 불로소득이나 다름없는 임대사업을 쉽게 그만두려고 하지 않을 것이다. 따라서 그는 임대료를 적정한 수준으로 인상하려고 할 것이다. 그러면 집주인의 입장에서 보면 적정한 임대료는 얼마일까?

우선 다시 한 번 집주인의 주택보유비용을 따져보자. 집주인은 건물의 감가상각비로 매년 250만 원을 지출해야 한다. 그리고 집을 사지 않고 집값 2억 원을 은행에 예금하면 이자로 매년 600만 원을 받을 수 있는데 그것을 기회비용으로 지출해야 한다. 따라서 집주인은 집 한 채를 임대하면서 주택보유비용으로 매년 850만 원을 지출해야 한다. 집주인은 세입자로부터 최소한 연간 850만 원을 임대료로 받아야 겨우 손해를 면할 수 있으므로 집주인의 입장에서 따져 보면 적정 임대료는 다음과 같은 방식으로 산정돼야 한다.

집주인 입장에서 따져본 적정 임대료(年) = 건물의 감가상각비 250만 원 + 집값에 대한 예금이자 600만 원 + 마진 a원

이때 집주인은 건물의 감가상각비에 해당하는 임대료 250만 원을 한 푼도 쓰지 말고 40년 동안 차곡차곡 모아둬야 한다. 왜냐하면 40년 뒤에도 임대사업을 계속하려면 건물을 새로 지을 돈이 필요하기 때문이다(감가상각비 250만 원 × 40년 = 건축비 1억 원).

그러면 집주인이 월세로 임대하는 경우와 전세로 임대하는 경우 세입자로부터 임대료를 얼마나 받아야 적정한지 집주인의 입장에서 구체적으로 따져보자.

① 월세로 임대하는 경우 적정 월세

집주인은 최소 연간 850만 원을 임대료로 받아야 손해가 생기지 않기 때문에 월세로 임대하는 경우 편의상 보증금을 전혀 받지 않는다고 가정하면 세입자로부터 받아야 하는 적정 월세는 최소 연간 850만 원(월 71만 원)이다.

$$집주인의\ 연소득 = 850만\ 원(월세) - 850만\ 원(주택보유비용)$$
$$= 0원(본전치기)$$

사실 그래 봐야 집주인은 본전치기를 할 뿐이다. 따라서 그 이상 월세를 받지 못한다면 집주인은 임대사업을 계속할 이유가 전혀 없다.

② 전세로 임대하는 경우 적정 전세금

집주인은 역시 연간 850만 원 이상을 임대료로 받아야 손해가 생기지 않는데 전세의 경우 집주인이 세입자로부터 받은 전세금을 은행에 예금해서 받게 되는 이자를 임대료로 보면 된다. 그리고 은행에서 이자(연 3%)로 연간 850만 원을 받으려면 2억 8000만 원을 예금해야 한다. 따라서 집주인이 세입자로부터 받아야 하는 전세금은 최소 2억 8000만 원이다.

집주인의 소득(年) = 850만 원(예금이자) − 850만 원(주택보유비용)

= 0원(본전치기)

집값 2억 원보다 전세금이 훨씬 더 비싸다. 은행의 예금 이자율이 높아도 상황은 달라지지 않는다. 예를 들어 예금 이자율이 연 10%인 경우 8500만 원을 은행에 예금하면 이자로 연간 850만 원을 받을 수 있으니까 집주인은 전세금을 8500만 원만 받아도 손해가 없을 것처럼 보인다. 하지만 이 경우 집주인이 집값 2억 원을 은행에 예금(이자율 10%)하지 못해 잃게 되는 기회비용은 2000만 원이다. 여기에 감가상각비 250만 원을 더하면 적정 임대료는 2250만 원이므로 집주인은 전세금으로 2억 2500만 원 이상 받아야 한다. 그래야 전세금을 은행에 예금해서 매년 이자로 2250만 원 이상 받을 수 있기 때문이다. 역시 집값보다 전세금이 더 비싸다.

이처럼 집주인이 집값 상승에 따른 자본이득을 전혀 기대할 수 없다면 그는 세입자에게 임대료의 원가를 따져서 최소한 그 이상의 전세금을 요구하게 될 것이다. 그러면 전세 세입자는 항상 집주인에게 집값보다 비싼 전세금을 지불해야 하는 문제가 생긴다. 만에 하나 집주인이 연락을 끊고 야반도주라도 한다면 세입자는 집주인 소유의 집을 팔아도 전세금을 전부 회수하지 못하는데 어떤 세입자가 그런 조건으로 전세계약을 하겠는가? 아무도 그런 계약을 하지 않을 것이다. 그러면 세입자가 선택할 수 있는 임대방식은 월세뿐이다. 따라서 세입자는 집주인에게 월세로 연간 850만 원(월 71만 원) 이상 지불해야 한다.

결론적으로 지금과 같은 주택시장의 침체가 앞으로도 20년쯤 지속된다면 내 집에서 거주할 때와 남의 집에서 전세나 월세로 거주할 때 중 어떤 경우에 비용 측면에서 더 유리할까? 지금까지 살펴본 내용을 정리해보면 자신의 집에서 거주하는 게 조금 더 유리하다.

내 집에서 거주할 때의 비용 = 연간 850만 원

전세, 월세로 거주할 때의 비용 = 연간 850만 원 + a원(집주인의 마진)

여기에 주택담보대출이나 전세자금대출을 받은 경우 은행에 지불하는 이자를 거주비용에 포함해서 따져봐야 하는 문제는 남아 있다.

많은 사람들이 집값이 계속 떨어지면 집을 소유하지 않고 전세로 거주하는 게 비용 측면에서 제일 유리하다고 생각한다. 그리고 그것은 사실이다. 하지만 임대사업을 하는 집주인은 바보가 아니다. 집값이 계속 떨어져서 집은 자산증식의 수단(투자재)이 아니라 오로지 거주의 수단(소비재)이라는 인식이 보편화된다면, 지금처럼 세입자가 집주인에게 집값의 40~60% 정도만 전세금으로 주고 월세를 한 푼도 지불할 필요가 없으며 게다가 전세계약이 만료되면 전세금을 원금 그대로 돌려받는 현재의 전세제도는 점차 사라져갈 것이다. 왜냐하면 그것은 집주인이 무조건 손해를 보는 임대방식이기 때문이다. 그리고 원가방식으로 임대료가 산정되는 월세제도가 보편화되거나 또는 집주인에게 감가상각비, 기회비용, 유지수선비, 세금 등을 충분히 보상하고도 남을 만큼 높은 수준에서 월세비용이 형성될 것이다. 따라서 임대료 수준은 지금보다 큰 폭으로 높아질 것이다. 다만 그 원인이 무엇이든 임대주택의 수요와 공급의 변동에 따라 집주인의 임대료 마진이 커질 때도 있고 작아질 때도 있을 것이며 때로는 원가 이하의 임대료를 받아 손해를 보는 경우도 생길 것이다.

하지만 앞서 이야기한 것처럼 세상의 모든 집주인을 하나의 그룹으로 보고 세상의 모든 세입자 역시 하나의 그룹으로 본다면 '집주인 그룹'이 '세입자 그룹'에 비해 손해를 보는 일은 없을 것이다. 따라서 세입자는 집주인이 집을 소유함으로써 지출해야 하는 주택보유비용 이상의 임대료를 지불할 수밖에 없다. 그래서 나는 지금과 같은 주택시장의 침체가 영구화되더라도 자기 소유의 집에서 거주하는 게 전세나 월세로 거주하는 것보다 비용 측면에서 좀 더 유리할 것이라고 생각한다. 물론 이런 나의 주장이 타당한지에 대한 판단은 당신의 몫이다.

: 내 집이 필요한 이유

주택시장의 침체가 장기화되면서 많은 사람들이 돈이 있어도 집을 사려고 하지 않고 전셋집만 찾고 있다. 그러다 보니 치솟는 전셋값 때문에 서민들의 등골이 휜다. 반면 내 집 마련이 필요하다고 생각하는 사람의 수는 줄고 있다. 또한 언론과 여러 경제전문가들은 이제 사람들의 주거의식이 소유의 개념에서 거주의 개념으로 바뀌고 있다고 말한다. 한편에서는 집값이 계속 떨어질 것이라며 사람들에게 절대로 집을 사지 말라고 주장하는 경제전문가들도 많다. 이제 정말 집은 '사는 것'이 아니라 '사는 곳'으로 우리의 인식을 바꿀 때가 된 것일까? 따라서 생각만 해도 골치가 아픈 내 집 마련의 목표 따위는 이제 마음 편히 포기해버리는 게 상책일까? 어렵게 마련한 내 집을 지금이라도 팔고 다시 전셋집을 구하는 게 현명한 판단일까?

　나는 앞서 집값이 계속 떨어지더라도 장기적으로 보면 자기 소유의 집에서 거주하는 게 전세나 월세로 거주하는 것보다 비용 측면에서 좀 더 유리할 것이라고 주장했다. 물론 비용을 비교할 때 수요와 공급의 변동, 토지의 가치와 물가의 변동 등 집값과 임대료에 영향을 미치는 주택시장의 여러 변수를 무시했기 때문에 현실과의 괴리는 있을 수 있다. 다만 나는 많은 사람들이 생각하는 것처럼 집값이 계속 떨어진다고 해서 내 집 마련을 하지 않고 전세나 월세로 거주하는 게 꼭 능사가 아니라는 말을 하고 싶었다. 그리고 왜 그렇게 생각하는지 설명하는 데 필요한 최소한의 논리적인 근거는 제시했다고 생각한다.

　나는 집값이 오르든 떨어지든 내 집 한 채는 필요하다고 생각한다. 물론 내 집 마련이 쉬운 일은 아니지만 그렇다고 평생 동안 남의 집에 세 들어 사는 것도 결코 쉬운 일이 아니다. 사람들이 보통 30세에 결혼해서 80세까지 생존한다고 보고 결혼 후 평생(50년) 동안 전세나 월세로 거주한다고 가정해보자. 우리나라에서는 전세든 월세든 통상 2년 단위로 계약을 한다. 그래서 세입자는 2년마다 계약 만료일이 다가오면 집주인과 임대료 협상을 해야 하는데 말이 좋아서 협상이지 대부분의 경우 집주인은 임대료를 인상하려고 하기 때문에 세입자는 집주인의 눈치를 살피게 된다. 간혹 역전세난이 생겨 세입자가 우위에 서는 경우가 있지만 그런 일은 흔치 않다. 임대료 협상이 결렬되면 세입자는 다른 집을 구해 이사해야 한다. 집주인이 사정상 나가달라고 하면 협상이고 뭐고 따질 것 없이 집을 비워줘야 한다. 거주하던 지역의 임대료 시세가 많이 올라서 임대료가 싼 다른 지역으로 이사하고 싶어도 출퇴근 거리나 아이의 학교 문제 때문에 실행하기가 쉽지 않다. 계약 만료일이 돼 이사하려고 해도 집주인이 다음 세입자를 구하지 못했다는 이유로 전세금이나 보증금을 빼주지 않는 경우도 흔하다. 법대로라면 집주인은 계약 만료일에 무조건 세입자에게 돈을 돌려줘야 하지만 우리 사회에서는 상식은 물론 법도 잘 통하지 않는 일이 흔히 생긴다. 뿐만 아니라 간혹 집주인의 채무문제 때문에 전세금이나 보증금 중 일부 또는 전부를 떼이는 경우도 생긴다.

만약 50년 동안 2년마다 이사를 한다면 25회 이상 이사를 해야 하며 4년마다 이사를 하면 12회 이상 이사를 해야 한다. 그때마다 새로 이사 갈 집을 구하기 위해 몇 날 며칠 동안 발품을 팔면서 신경을 쓰고 고민해야 하며, 때로는 몇 달 동안 스트레스를 받으면서 집을 찾으려 노력해야 한다. 게다가 이사할 때마다 중개수수료와 이사비용을 반복해서 지출해야 한다. 2년이 결코 짧은 시간이 아님에도 불구하고 계약 만료일은 참 빨리 돌아온다. 그래도 2년마다 집주인의 눈치를 살피거나 자주 이사하는 게 젊을 때는 견딜 만

하다. 그런데 60세를 넘어 70세, 80세가 돼서도 2년마다 집주인의 눈치를 살펴야 하고 자주 이사를 다녀야 한다면 그것처럼 성가시고 힘든 일도 드물 것이다. 만약 100세까지 산다면 어쩔 것인가? 그때도 2년마다 손자뻘 되는 집주인의 눈치를 살피며 발품을 팔고 이삿짐을 싸면서 지낼 것인가? 이처럼 세입자로서 주거가 안정되지 못해서 겪어야 하는 여러 가지 불편한 문제도 거주비용으로 간주할 수 있으며, 돈의 가치로 환산하기는 쉽지 않지만 그것이 평생 동안 겪어야 하는 문제라면 결코 적은 비용이 아니라는 것은 확실하다. 그러나 컨테이너 박스에 장판을 깔고 벽지를 발라서 만든 초라한 집이라도 자기 소유의 집에서 거주한다면 그런 문제를 겪지 않아도 된다. 그리고 주거의 안정은 집값이 오르고 떨어지는 것과 관계가 없다.

최근 사회적으로 이슈가 되고 있는 하우스푸어 문제는 언론이 자극적으로 보도를 하기 때문에 마치 집 가진 사람들은 전부 하우스푸어가 돼 고통을 받고 있는 것처럼 보이지만 실상은 그렇지 않다. 집값이 떨어져도 대출금이 없거나 자신의 소득에 비해 대출금 상환부담이 적은 사람은 집값에 크게 신경 쓰지 않고 잘 지낸다. 물론 자신의 집값이 떨어져서 기분이 좋을 리는 없겠지만 어차피 오랫동안 거주하려고 집을 구입한 사람은 집값에 연연할 필요가 별로 없기 때문이다. 그리고 집을 팔고 이사할 일이 생겨도 다른 집값도 전부 떨어졌기 때문에 내 집을 팔고 비슷한 조건을 갖춘 다른 집을 구입하는 데 별 문제가 없다.

반면에 하우스푸어가 돼 고통 받고 있는 사람들은 준비된 자금과 소득을 고려해서 적정한 가격의 주택을 구입하지 않고 자신의 상환능력을 초과하는 과도한 대출을 받아서 집을 샀거나 대출도 모자라서 전세까지 끼고 집을 산 경우가 대부분이다. 예를 들어 자기 돈 2억 원을 갖고 3억 원을 대출받아서 5억 원짜리 집을 샀거나 자기 돈 1억 원을 갖고 2억 원을 대출받아서 3억 원짜리 집을 산 경우, 또는 대출과 전세를 동시에 끼고 집을 여러 채 산 경우 등이 전형적인 하우스푸어의 모습이다. 집값이 떨어져 손해가 생겼는데 대출금을 갚는 것도 어려우니 고통스럽게 느껴질 수밖에 없다. 하우스푸어에서 탈출할 수 있는 유일한 방법은 하루라도 빨리, 헐값에라도 집을 처분해서 부채의 부담을 줄이는 것뿐이다. 그 외에 다른 방법이 없다. 하우스푸어 문제의 핵심은 집값 하락이 아니라 상환능력을 초과하는 과도한 대출금이다. 따라서 어떤 경우에도 과도한 대출을 받아서 내 집 마련을 하는 것은 절대로 금물이다.

그리고 이제 아파트만 집이라는 생각도 버려야 한다. 우리나라의 주택공급제도는 곧 아파트공급제도라고 해도 과언이 아닐 만큼 초점이 아파트에 맞춰져 있다. 그 이유는 단순하다. 우리나라의 국토는 70%가 산으로 덮여 있다. 게다가 총인구의 절반이 전체 국토

면적의 12%에 불과한 수도권(서울, 경기, 인천) 지역에 몰려 있고, 남은 인구의 절반은 5대 광역시(광주, 대구, 대전, 부산, 울산)에 몰려 있다. 그렇지 않아도 땅덩어리가 좁은데 대다수의 인구가 몇몇 대도시에만 모여 살다 보니 비좁은 토지 위에 벌집처럼 많은 주택을 지을 수 있는 아파트가 아니면 그 많은 사람들을 수용할 수 있는 주택을 공급하는 게 매우 어렵다. 그래서 정부와 건설사는 그동안 아파트만 그렇게 열심히 지어댔다. 그 결과 우리나라에서는 아파트가 보편적인 주거의 수단이 돼버렸고 '내 집 마련'은 곧 '아파트 마련'이라는 인식이 자연스럽게 뿌리를 내렸다.

사실 누구나 한번쯤 TV 드라마나 할리우드 영화에서 볼 수 있는 멋진 정원이 딸린 단독주택에서 살기를 꿈꿔보지만, 땅값이 비싼 대도시에서 넓은 토지를 혼자서 독차지하려면 아파트 값의 서너 배가 넘는 많은 돈이 필요하기 때문에 대다수의 사람들에게는 말 그대로 꿈만 같은 일이다. 정원은커녕 사방의 벽을 옆집, 윗집, 아랫집과 공동으로 사용해야 하는 아파트 한 채를 구입하는 것도 평범한 사람에게는 결코 쉬운 일이 아니다. 그래서 결혼 후 10년 만에 내 집 마련을 했다거나 20년 만에 내 집 마련을 했다는 이야기를 주변에서 쉽게 들을 수 있다. 그것도 돈이 부족해서 대출을 받은 경우가 흔하다.

그런데 만약 내 집 마련의 목표가 주거의 안정이 우선이라면 아파트만 고집하지 말고 다세대주택이나 연립주택을 구입하는 것에 대해서도 충분히 고려해야 한다. 스타급 연예인과 재벌 2세가 많이 거주한다는 고급주택 단지가 아니라면 흔히 '빌라'라고 불리는 다세대주택이나 연립주택은 동일 지역의 아파트 전셋값으로 구입이 가능한 경우도 많다. 물론 아파트에 비해 주거 여건과 투자가치가 떨어지는 게 사실이지만 내 집 마련의 시기를 앞당길 수 있기 때문에 그만큼 주거의 안정을 빨리 확보할 수 있는 장점이 있다. 뿐만 아니라 상환능력을 초과할 만큼 과도한 대출을 받아서 아파트를 구입한 뒤 하우스푸어가 되는 것보다는 다세대주택이나 연립주택을 구입하는 게 100배 더 현명한 판단이다.

내 집, 언제 사야 하지?

내가 집값이 오르든 떨어지든 내 집 한 채는 필요하다고 생각하는 가장 큰 이유는 주거의 안정 때문이다. '주거의 안정'이란 사전적으로 정의된 바는 없지만 내 나름대로 정의해보면 '타인에 의해 주거와 관련된 간섭을 받지 않는 상태'를 말한다. 따라서 내 집 마련 전에는 집값의 변동이 구매 결정에 큰 영향을 미치지만 일단 내 집을 마련하고 나면 주거의 안정은 집값의 변동과는 무관하다. 하지만 내 집을 마련하더라도 과도한 대출금 때문에 하우스푸어가 되면 주거의 안정을 누릴 수 없다. 왜냐하면 은행에 의해 간섭을 많이 받기 때문이다. 은행은 대출 금리를 결정하고, 연체될 경우 상환 압력을 행사하며, 상환이 어렵다고 판단되면 집을 강제로 경매 처분해버린다. 따라서 문서상의 소유권은 하우스푸어 자신이 갖고 있지만 은행에 비싼 월세를 지불하는 세입자와 다를 게 없다. 세입자로 살면서 집주인의 간섭 때문에 불쾌했던 경험이 있거나 임대료 인상 때문에 집주인의 눈치를 살피며 이사를 자주 다녀본 경험이 있다면 그것이 얼마나 사람을 피곤하게 하는지 잘 알고 있을 것이다. 그래서 나는 주거가 안정되면 삶의 질이 높아진다고 생각할 만큼 주거의 안정이 지닌 가치를 매우 값지게 생각한다.

물론 꼭 자기 소유의 집에서 거주해야만 주거가 안정된다고 생각하지는 않는다. 만약 한 집에서 임대료 인상에 대한 부담과 집주인의 간섭 없이 평생 동안 지낼 수 있다면 그것은 내 집에서 거주하는 것과 다를 게 없다. 그런데 그것이 과연 가능한 일인지는 잘 모르겠다. 통계를 보면 전세나 월세로 거주하는 10가구 중 7가구는 빠르면 1년 이내에, 늦어도 3년 이내에는 이삿짐을 싸야 하는 게 현실이니까 말이다. 그리고 임대료 상승을 감당하지 못해 서울에서 수도권 지역으로 이사하고 그다음에는 수도권 지역에서 수도권 외곽 지역으로 밀려나는 가구도 부지기수다.

나는 최근에 전세금을 한 번도 올려 주지 않고 한 집에서 8년 동안 내 집처럼 거주했다는 박영수 씨를 만난 적이 있다. 내가 아는 한 그는 운이 매우 좋은 편이었다. 영수 씨는 전세로 거주해도 불편한 게 없는 데다가 집값도 떨어지고 있기 때문에 굳이 내 집을 마련 하려고 아등바등 살 필요가 없다는 생각을 하고 있었다. 전세계약 직후 집주인은 해외로 나가서 거주했는데 그 후 집주인의 대리인을 통해 몇 번 연락을 주고받았을 뿐 집주인의 얼굴을 다시 본 적이 없었다. 그런데 전세계약 갱신일을 몇 달 앞둔 어느 날 집주인은 집을 중개업소에 매물로 내놓겠다고 통보해왔다. 그리고 집주인은 영수 씨에게 시세보다 싸게 줄 테니 집을 사지 않겠냐고 제안했지만 그는 돈이 없다며 거절했다. 결국 집은 다른 사람에게 팔렸는데 새 집주인이 직접 거주한다고 해서 그는 할 수 없이 집을 비워 줘야 하는 상황이었다.

그런데 영수 씨가 돌려받을 전세금과 그동안 저축한 돈을 전부 합해도 인근에서 전셋집을 구할 수가 없었다. 그동안 그는 전세금을 올려 주지 않고 지냈지만 근처 다른 집의 전세금은 2배 가까이 오른 탓이다. 게다가 전세난 때문에 오전에 중개업소에 매물이 나오면 대부분 당일 오후에 계약이 성사될 정도로 전셋집을 찾는 사람들이 많아서 돈이 있어도 집을 쉽게 구할 수 있는 상황이 아니었다. 대출을 받기를 무척 꺼렸던 영수 씨는 살던 곳에서 조금 멀리 이사할 생각을 했다. 그러면 가진 돈에 맞춰 전셋집을 구할 수 있었다. 하지만 그렇게 되면 초등학교에 다니는 두 아이가 전학을 가야한다는 사실에 아내와 아이들이 심하게 반대를 했다. 결국 영수 씨는 부족한 자금을 전세금대출로 채워서 같은 아파트 단지 내에서 다른 전셋집을 구했다.

이처럼 한 집에서 아무리 오랫동안 내 집처럼 지낸다고 해서 그것이 실제로 내 집이 되지는 않는다. 그렇기 때문에 언젠가는 원치 않더라도 집을 비워줘야 할 일이 꼭 생기게 마련이다. 지금까지 영수 씨는 운이 좋아서 전세금을 한 번도 올려주지 않고 한 집에서 8년 동안 거주할 수 있었지만, 지금의 전셋값 상승 추세가 꺾이지 않는다면 새로 이사 간 집에서는 2년 뒤 전세금을 수천만 원 올려 주거나 전세금 중 일부를 월세로 돌리지 않고서는 전세계약을 갱신하기가 어려울 것이다. 그때도 영수 씨가 전세로 거주해도 불편한 게 없으니 굳이 내 집 마련을 하려고 아등바등 살 필요가 없다는 생각을 계속하고 있을지 궁금하다.

또 한 집에서 10년 넘게 전세로 거주했다는 공무원 김준서, 문미영 부부를 만난 적도 있다. 그들은 결혼할 때 구한 신혼집에서 지금껏 살고 있었는데, 얼마 안 되는 공무원 월급으로 내 집 마련을 하겠다며 허리띠를 졸라매기보다는 차라리 전세로 거주하면서 넉넉하게 사는 편이 낫다는 생각을 하면서 살아왔다. 그런데 결혼 10년 차가 됐을 때 부부는 지난 10년을 돌아보며 스스로 큰 충격을 받았다. 10년 동안 맞벌이를 해서 번 돈이 전부 어디로 갔는지 저축한 돈은 없고 전세금을 올려주느라 대출금만 늘어난 사실을 깨달았기 때문이다. 그리고 얼마 뒤 전세계약 갱신일이 됐을 때 집주인이 전세금을 올리는 대신 월세로 계약을 바꾸자고 하자 차라리 집을 사는 편이 낫겠다는 생각이 들었다. 그래서 집을 구하려고 인터넷을 뒤지고 중개업소를 돌아다녔지만 어디를 가도 자금이 턱없이 부족해서 집을 사려면 대출을 잔뜩 받아야 하는 상황이었다. 내 집 마련을 하자고 하우스푸어가 될 수는 없는 노릇이라 일단 단념할 수밖에 없었다. 준서 씨 부부는 한 집에서 10년 넘게 거주했지만 이렇듯 사정을 들여다보면 결코 안정된 상황이 아니었다. 그들은 지난 10년 동안 내 집 마련 목표를 갖고 열심히 돈을 모았으면 지금쯤 내 집 마련을 했거나 아니면 저축이라도 많이 했을 텐데 그렇게 하지 못한 게 너무 아쉽고 후회가 된다고 말했다. 그리고 이제부터라도 내 집 마련을 위해 소비를 줄이고 열심히 돈을 모아야겠다고 다짐했다.

많은 사람들이 집값이 떨어지는데 내 집을 꼭 마련할 필요는 없다고 말한다. 나는 그것이 집값이 오르면 내 집이 필요하고 집값이 떨어지면 내 집이 필요 없다는 뜻으로 들린다. 심지어 어떤 이는 최근에 집을 사는 사람을 바보 취급하기까지 한다. 그리고 언론 등은 사람들의 주거의식이 소유의 개념에서 거주의 개념으로 바뀌고 있다고 말한다. 그런데 진짜 그렇게 바뀌고 있을까? 집값이 오르면 소유의 개념으로, 집값이 떨어지면 거주의 개념으로 보려고 하는 것은 아닌가? 내가 보기에 그것은 주거의식이 아니다. 집값이 오르면 돈을 벌 수 있으니까 집을 사고 집값이 떨어지면 손해를 보니까 집을 사지 않는 게 어떻게 주거의식인가? 차라리 투기의식이라고 말하는 게 더 적절할 것이다. 주거의식이란 집값의 변동과는 무관하게 자기 소유의 집에서 거주하기를 선호하는가 아니면 전세나 월세로 거주하기를 선호하는가에 따라 구분돼야 한다. 또는 공동주택에서 거주하기를 선호하는가, 단독주택에서 거주하기를 선호하는가에 따라 구분돼야 한다. 사실 나는 우리나라 사람들의 주거의식이 소유의 개념에서 거주의 개념으로 바뀌고 있다는 말을 믿지 않는다. 집값이 떨어지기 때문에 사람들의 내 집 마련에 대한 욕구가 위축된 것뿐이라고 생각한다.

향후 주택시장의 침체가 얼마나 더 오랫동안 지속될지는 모르겠지만 여러 경제전문가들은 물론, 부동산 시장이 호황을 이뤄야 돈을 벌 수 있는 부동산 전문가들조차도 이제 집을 사고팔아서 돈을 벌 수 있는 시대는 끝났다고 말한다. 또한 그동안 자본이득을 노리고 부동산 시장에 투자해온 부자들 역시 월세를 받을 수 있는 수익형 부동산 시장으로 발 빠르게 이동하고 있다. 이런 모습을 보면 앞으로도 오랫동안 집값이 오르기 어렵다는 생각이 든다. 그리고 집값이 오르지 않는다면, 내 집 마련을 하지 않는 게 이익처럼 느껴진다.

그런데 당신은 혹시 집 없는 부자를 본 적이 있는가? 나는 10년 이상 금융업에 종사하면서 여러 부자들을 만났지만, 자기 소유의 집을 한 채 이상 보유하지 않은 부자는 본 적이 없다. 게다가 자식이 결혼할 때 집을 사서 증여해주는 부자도 여럿 보았다. 돈의 흐름에 민감하고 이재에 밝은 부자들은 집값이 떨어지는데 바보라서 아직도 내 집을 보유하고 있을까? 아니면 그 전에 집값이 많이 올라서 이미 돈을 벌었으니 집값이 떨어져도 손해를 보지 않기 때문에 집을 가지고 있는 것일까? 부자들이 미련해서 집값이 떨어지는데도 자식들에게 집을 사주기까지 하는 것일까? 천만의 말씀이다. 부자들은 하나같이 주거의 안정을 매우 중요하게 생각하며, 특히 사생활이 철저히 보호되고 비슷한 부류의 사람들이 모여 사는 곳에서 거주하려는 성향이 강하다. 그래서 자신이 만족할 만큼 주거의 안정을 누릴 수 있다면 직접 거주하는 집의 가격 변동에 연연하지 않는다. 그리고 주거 관련 문제나 집값의 변동에 신경 쓰지 않고 자신의 일에 에너지를 최대한 쏟아붓는다. 물론 부자가 아닌 사람이 전 재산이나 다름없는 집값의 변동을 아예 무시하며 지내기는 어렵다. 하지만 집을 투자관점이 아닌 거주관점에서 바라보면 부자가 아닌 사람도 주거의 안정이 집값의 변동과는 무관하다는 사실을 쉽게 알 수 있다.

따라서 집을 거주관점에서 바라보고 주거의 안정을 위해 구입하려는 것이라면, 내 집 마련의 적기는 자신이 원하는 집을 구입하는 데 필요한 자금이 충분히 준비된 때다. 반면에 집을 투자관점에서 바라보고 돈을 벌기 위해 구입하려는 것이라면 내 집 마련의 적기는 주택시장이 바닥에 닿았거나 무릎 아래에 있을 때다. 또는 다른 집값은 전부 떨어지더라도 향후 값이 분명히 오를 만한 이유가 있는 집을 발견했다면 그때도 적기라고 볼 수 있다. 다만 주택시장이 언제가 바닥인지 또는 값이 분명히 오를 만한 집이 어디에 있는지 정확히 판단하기가 매우 어렵다는 게 문제다.

: 내 집 마련, 서두를 필요는 없다

2008년 글로벌 금융위기 이후 하우스푸어를 대량으로 양산한 주범은 집값 하락이 아니라 과도한 부채다. 지금처럼 주택시장의 침체가 장기간 지속되고 있는 시대에 내 집 마련 전략의 핵심은 부채를 최소화하는 것이다. 또한 내 집 마련 전에 전세나 월세로 거주하는 기간 동안에도 부채와 거주비용을 최소화해야 한다. 그래야만 내 집 마련 시기를 하루라도 앞당길 수 있기 때문이다. 주택시장이 호황일 때는 자본이득을 기대할 수 있을 뿐만 아니라 집값이 오르는 속도를 저축으로 따라 잡기가 어렵기 때문에 많은 사람들이 대출을 받거나 전세를 끼고서라도 집을 산다. 집값이 오르는 시기에는 부채의 레버리지 효과가 크기 때문에 과도하지만 않다면 부채를 활용하는 게 분명히 유리하다. 하지만 지금처럼 주택시장이 불황일 때는 부채가 비용만 발생시키기 때문에 부채의 레버리지는 하우스푸어가 될 위험만 증가시킨다. 따라서 자신이 원하는 집을 구입하는 데 필요한 자금이 충분히 준비될 때까지 내 집 마련을 서두를 필요가 없다. 그리고 투자관점에서 하우스(부동산)를 소유하는 게 우선인지 아니면 거주관점에서 홈(보금자리)을 소유하는 게 우선인지 내 집 마련 목표의 우선순위를 분명히 결정해야 한다. 그것에 따라 내 집 마련 전략이 달라져야 하기 때문이다.

투자관점에서 부동산을 소유하는 게 우선이라면 내 집 마련에 필요한 자금이 충분히 준비되더라도 주택시장의 추세를 주시하며 적절한 매수 타이밍을 발견할 때까지 기다려야 한다. 물론 투자가치가 높은 집을 사기 위해서도 노력해야 하지만 그보다 더 중요한 것은 매수 타이밍이다. 왜냐하면 아무리 투자가치가 높은 집이라도 비싼 값에 사면 자본이득을 기대하기 어렵기 때문이다. 적절한 매수 타이밍은 주택시장이 바닥에 닿았거나 무릎 아래에 있다고 판단될 때다. 그것이 언제인지는 며느리도 모르고 시어머니도 알기가 어렵다는 게 문제지만 어쨌든 주택시장의 동향을 주시하고 전문가들이 내놓는 주택시장의 전망과 분석자료 등을 참고해서 적절한 매수 타이밍을 찾기 위해 노력해야 한다.

하지만 거주관점에서 보금자리를 소유하는 게 우선이라면 매수 타이밍은 별로 중요하지 않다. 내 집 마련에 필요한 자금이 충분히 준비된다면 그때가 바로 매수의 적기라고 볼 수 있다. 다만 그렇더라도 주택시장이 과열돼 집값이 꼭지에 있다고 판단될 때 내 집 마련을 하는 것은 피해야 하며 투자관점에서 볼 때와 마찬가지로 투자가치가 높은 집을 사기 위해 노력할 필요가 있다. 투자가치가 높은 집은 주택시장이 오르막길을 걸을 때는 값이 오를 가능성이 높고 주택시장이 내리막길을 걷더라도 다른 집에 비해 값이 적게 떨어질 것이기 때문에 주택시장의 호불황과 상관없이 상대적인 자산가치가 보존될 가능성이 높다. 반면에 투자가치가 없는 집은 다른 집값이 전부 오르는 시기에는 꿈쩍도 하지 않고 있다가 집값이 떨어지는 시기에는 다른 집보다 값이 더 많이 떨어진다. 따라서 어떤 경우에도 집이 지닌 부동산으로서의 투자가치를 무시한 채 내 집 마련을 하는 것은 바람직하지 않다.

투자가치가 높은 집은 많은 사람들이 선호하는 입지조건 등을 갖춘 집이다. 아파트를 예로 들면 단지의 규모, 조망, 자연환경, 쾌적성, 브랜드, 지역의 고용률, 교통여건, 교육환경, 편의시설, 문화시설, 지역개발의 가능성 등 여러 요소에서 좋은 입지조건을 갖춘 집을 많은 사람들이 선호한다. 따라서 그런 좋은 조건을 두루 갖춘 집이 투자가치가 높다. 하지만 좋은 입지조건을 갖춘 집일수록 값이 비싸기 때문에 그런 집을 구입하는 데 필요한 자금이 부족하다면 그중 한두 가지 조건이라도 제대로 갖춘 집을 사기 위해 노력해야 한다. 만약 당신이 나에게 앞서 나열한 여러 가지 입지조건 중 딱 한 가지만 고르라고 한다면 나는 교통여건을 선택하겠다. 그리고 한 가지를 더 고르라고 한다면 교육환경을 선택할 것이다. 대다수의 사람들이 인생을 살아가면서 갖게 되는 최대 관심사는 돈을 버는 것과 자녀교육이다. 따라서 지역 인근에 일자리가 많고 교통여건이 좋아서 직장 출퇴근이 용이하고, 자녀교육에 좋은 교육환경을 갖춘 집이라면 그것만으로도 투자가치가 충분하다고 볼 수 있다.

먼저 교통여건을 예로 들면 서울 외곽의 수도권 지역에 지어지는 아파트의 분양광고를 보면 '서울까지 30분' 또는 '강남까지 30분'이라며 특정 지역과의 접근성을 대문짝만하게 강조하는 경우를 흔히 볼 수 있다. 특정 지역에 직장이나 생활권을 둔 사람들을 타깃으로 교통여건이 좋아서 출퇴근이 용이하고 해당 지역의 생활권에 포함된다고 광고하는 것인데 왜 그런 내용을 강조하겠는가? 그만큼 많은 사람들이 집을 고를 때 직장이나 생활권과의 접근성을 중요하게 생각하기 때문이다. 그런데 특정 지역과의 접근성을 따질 때는 물리적인 거리보다는 실제로 이동하는 데 걸리는 시간을 더 중요하게 고려해야 한다. 예를 들어 강남까지 자동차로 30분 걸린다고 해도 출퇴근 시간에는 항상 차가 막혀서 강남에 진입하는 데 1시간 이상 걸리고, 대중교통을 이용해도 우회하기 때문에 역시 1시간 이상 걸린다면 그것은 실제로 강남의 생활권에서 멀다고 봐야 한다. 따라서 교통여건을 살필 때는 광고에 현혹되지 말고 자동차와 대중교통을 이용해 이동 시간이 실제로 얼마인지 확인하고, 주택 단지가 새로 들어서는 지역의 경우에는 향후 주변의 도로와 대중교통 노선의 개발 계획 등을 확인해야 한다.

그런데 교통여건을 따질 때 자칫 간과하기 쉬운 게 특정 지역과의 접근성이 좋은 집보다는 특정 지역 안에 위치한 집이 더 투자가치가 높다는 사실이다. 예를 들어 강남까지 30분 거리에 있는 아파트를 구입하기보다는 강남 안에 위치한 다세대주택을 구입하는 게 투자관점에서 더 나을 수도 있다는 뜻이다. 물론 많은 사람들이 다세대주택보다는 아파트를 선호하기 때문에 동일한 지역에 위치한 비슷한 면적의 주택이라면 아파트가 다세대주택에 비해 투자가치가 더 높고 당연히 값도 더 비싼 경우가 일반적이다. 하지만 만약 같은 값을 주고 살 수 있다면 강남에서 가까운 아파트보다는 강남 안에 위치한 다세대주택이 투자가치가 더 높을 수 있으므로, 교통여건을 고려할 때에는 그런 점도 함께 생각해야 한다.

그다음 교육환경을 예로 들면 많은 사람들이 자녀의 학교 배정 문제를 매우 중요하게 생각하기 때문에, 교사들이 학생 지도를 잘하고 면학 분위기가 좋기로 소문나서 많은 학부모들이 자녀를 보내고 싶어 하는 학교가 가까이에 있는 집을 선호한다. 그리고 학교

중에서도 특히 초등학교가 코앞에 있거나 새로 설립될 계획이 있는 집이라면 무난한 투자가치를 지닌다. 왜 그런지는 초등학생 자녀를 둔 학부모가 아이를 학교에 보내면서 가장 걱정하는 문제가 무엇인지 생각해보면 쉽게 알 수 있다. 그것은 아이의 안전문제다. 의사표현 능력과 상황판단 능력이 부족하고 저항할 힘도 없는 아동을 대상으로 한 범죄에 대한 우려 때문에 학부모는 통학거리가 짧은 초등학교에 아이를 보내고 싶어 한다. 그리고 80세 된 부모가 60세 된 자녀에게조차 항상 차 조심하라는 말을 입버릇처럼 할 정도로 우리나라의 부모들은 자녀의 교통안전에 관심이 많다. 그래서 자동차가 많이 다니는 대로를 건너지 않고 통학할 수 있어서 교통사고의 위험이 적은 초등학교에 아이를 보내고 싶어 한다. 따라서 신혼부부와 어린아이를 키우는 젊은 가구의 유입이 많은 지역에 위치해 있으면서 아이가 배정될 초등학교가 매우 가까이 있는 집은 대체로 투자가치가 괜찮다고 볼 수 있다. 그 외에도 집의 투자가치를 결정하는 여러 가지 조건이 있지만 교통여건과 교육환경, 그 두 가지 입지조건보다 더 중요한 것은 없다고 해도 과언이 아니다.

주택대출, 반드시 상환계획을
먼저 세워라

나는 앞서 지금과 같은 주택시장 불황기에 내 집 마련 전략의 핵심은 '부채를 최소화 하는 것'이라고 말했다. '부채 없이' 내 집 마련을 해야 한다고 말하지 않은 이유는 그것이 현실적으로 어려운 경우가 많기 때문이다. 2008년 금융위기 이후 집값이 아무리 떨어졌다고 해도 내 집 마련은 평범한 사람이 1~2년 동안 허리띠를 졸라맨다고 할 수 있는 게 아니다. 특히 서울의 경우 평균적인 소득의 가구가 평균적인 가격의 아파트 한 채를 마련하려면 소득을 한 푼도 쓰지 않고 전부 모아도 10년이 걸린다. 소득 중 70%를 소비하고 30%를 저축한다고 가정하면 서울에서 아파트 한 채를 마련하는 데 30년이 걸린다는 뜻이다. 따라서 평범한 사람이 부모의 도움을 받지 않고 부채 없이 서울에서 내 집 마련을 하려면 대부분의 경우 꼬부랑 노인이 돼서야 가능할 것이다. 그러느니 나는 대출을 받더라도 젊은 시절에 내 집 마련을 하는 편이 훨씬 더 나은 선택이라고 생각한다. 왜냐하면 주거의 안정이 주는 이점, 이를테면 주거 문제에 소비되는 에너지를 줄일 수 있고 그만큼 내가 성취하려는 다른 일에 좀 더 많은 에너지를 사용함으로써 얻게 되는 이점이 매우 크다고 생각하기 때문이다. 이처럼 나는 주거의 안정을 위해서라면 비용(대출이자)을 지불할 만한 가치가 충분히 있다고 생각하기 때문에 예나 지금이나 사람들이 대출을 받아서 집을 산다고 말하면 굳이 말리지 않는다. 그 대신 대출을 받기 전에 반드시 상환능력을 먼저 점검해보라고 말한다. 그렇지 않으면 하우스푸어가 되기 십상이기 때문이다.

내 집 마련을 하려면 구입하려는 집값의 70% 이상의 자금은 준비가 되고 나서 해야 하며 아무리 적어도 60% 이상의 자금은 준비가 돼야 한다. 그 정도의 자금도 준비하지 못한 채 대출을 받아서 내 집 마련을 하게 되면 하우스푸어가 될 가능성이 매우 높다. 그리고 매월 또는 매년 상환해야 하는 대출원리금은 소득의 20% 이내여야 하며, 아무리 넉넉하게 보더라도 소득의 30%를 초과해서는 안 된다. 그렇지 않으면 역시 하우스푸어가 될 가능성이 매우 높다. 만약 이미 다른 종류의 대출을 상환하는 중이라면 그것의 원리금상환액도 포함하여 계산해야 한다. 이때 특히 주의할 점은 맞벌이 가정의 경우 자녀 양육 등의 문제로 언제든지 외벌이 가정으로 전환될 가능성이 높다면 상환비율을 부부의 합산 소득이 아닌 가장의 소득에만 맞춰야 한다는 것이다. 그렇지 않고 부부의 합산 소득에 맞춰 대출을 받으면 외벌이 가정으로 전환됐을 때 하우스푸어가 될 가능성이 매우 높다. 뿐만 아니라 오랫동안 맞벌이를 할 수 있더라도 예상치 못한 일이 생겨 외벌이로 전환될 가능성도 있기 때문에 대출 금액과 대출 기간을 보수적으로 결정할 필요가 있다.

주택담보대출은 매월 이자만 갚다가 만기 때 원금을 한꺼번에 상환하는 '만기일시상환 방식'과 매월 이자와 원금을 함께 상환하는 '원리금(또는 원금)균등분할상환 방식' 등으로 구분한다. 그런데 대출금을 단기간에 갚을 수 없다면 만기일시상환 방식은 가급적 선택하면 안 된다. 나는 지금까지 만기일시상환 방식의 대출을 받은 뒤 만기 때 원금을 제대로 갚았다는 사람을 거의 만나보지 못했다. 만기를 연장하거나 다른 종류의 대출로 갈아타는 경우가 대부분이었고 원금은 한 푼도 갚지 못한 채 계속 이자만 갚고 지내는 경우도 많았다. 매월 이자를 지불하면서 만기 때 원금을 상환하려면 대출 기간에 맞춰 목돈을 별도로 저축해야 하는데 그게 생각처럼 쉬운 일이 아니다. 따라서 매월 원금과 이자를 동시에 상환해야 하는 원리금(또는 원금)균등분할상환 방식을 선택하는 게 바람직하다.

또한 주택담보대출은 대출 당시 이율을 확정하여 만기 때까지 동일한 이율을 적용하는 '고정금리 방식'과 금리 변동에 따라 다른 이율을 적용하는 '변동금리 방식' 등으로 구분하는데, 대출금을 단기간에 갚을 수 없다면 고정금리 방식을 선택하는 게 바람직하다. 고정금리 방식은 향후 금리 상승의 위험을 금융회사가 떠안는 방식이고 변동금리 방식은 향후 금리 상승의 위험을 대출받은 사람이 떠안는 방식이다. 따라서 대출 당시의 이율은 고정금리 방식이 좀 더 높은 편이다. 왜냐하면 금융회사가 금리 상승의 위험을 떠안는 대신 대출받는 사람에게 그만한 대가(이자)를 더 요구하기 때문이다. 어떤 방식이 더 유리한지는 향후 금리 전망에 따라 달라지겠지만 장기적인 금리를 예측하는 일은 주가를 예측하는 일만큼이나 매우 어려운 문제다. 따라서 향후 금리 변화를 예측하여 상환방식을 선택하려고 하기보다는 자신의 상환능력을 고려해서 결정해야 한다. 대출금을 단기간에 전부 상환할 수 있다면 이자의 부담이 적은 변동금리 방식을 선택해도 무리가 없지만 장기간 상환해야 하는 경우에는 이자의 부담이 증가되더라도 고정금리 방식을 선택해서 금리 상승에 따른 위험을 회피하는 게 좋다. 그렇지 않고 변동금리 방식을 선택할 경우 향후 금리가 하락하면 이득을 볼 수 있지만 금리가 상승하면 이자 상환에 큰 어려움을 겪게 된다. 다만 고정금리 방식을 선택한 뒤 금리가 계속 하락해 대출 당시의 금리와 현재의 금리 사이에 큰 차이가 생겼다면(금리가 큰 폭으로 떨어진 상태라면) 새로운 고정금리 방식의 대출로 갈아타는 것에 대해 고려해야 한다. 단, 금리 차이만 보고 결정하면 안 되고 대출을 갈아타면서 발생하는 중도상환수수료 등 추가비용과 이자 절감액 등을 따져본 뒤 결정해야 한다.

끝으로 주택자금대출(전세자금대출 포함)을 받을 때는 국민주택기금에서 제공하는 주택대출을 받을 자격이 되는지 우선 확인해볼 필요가 있다. 서민의 주거안정을 위해 정부의 자금으로 지원하는 대출이므로 은행의 대출보다 금리 조건이 유리하기 때문이다. 또한 장기 고정금리 대출을 해주는 한국주택금융공사의 보금자리론도 금리 조건을 확인해볼 필요가 있다. 그리고 은행에서 주택담보대출을 받을 경우에는 주거래 은행 외에도 여러 다른 은행의 금리 조건을 확인해볼 필요가 있으며 보험사에서도 주택담보대출을 해주는 곳이 있는데 간혹 은행보다 금리 조건이 더 유리한 경우가 있으므로 확인해볼 필요가 있다.

● 다양한 임대주택에도 관심이 필요하다

내 집 마련을 하기 전에는 공공기관에서 공급하는 임대주택에 대해서도 많은 관심을 가질 필요가 있다. 공공기관에서 공급하는 임대주택은 청약신청 자격이 까다롭고 공급 물량이 적어서 경쟁률이 높다는 단점이 있지만 입주자로 선정될 경우 개인(다주택자 등)이 세를 놓는 주변의 일반 임대주택의 시세에 비해 저렴한 임대료를 지불하고 거주할 수 있다. 뿐만 아니라 입주자 자격을 유지하는 한 2년마다 이사할 걱정을 하지 않고서도 오랫동안 거주할 수 있다. 그만큼 내 집 못지않은 주거의 안정을 누릴 수 있기 때문에 내 집 마련 전 주거의 수단으로 안성맞춤이다.

그런데 의외로 많은 사람들이 공공기관의 임대주택 공급제도에 대해 잘 알지 못하며, 자신에게 청약신청 자격이 있음에도 불구하고 그 사실을 몰라서 청약신청을 하지 않는 사람들이 많다. 따라서 한국토지주택공사(LH공사), 서울SH공사 및 각 지방공사가 공급하는 임대주택의 청약신청 자격을 확인하고 자신에게 청약신청 자격이 있다면 한국토지주택공사의 홈페이지와 서울SH공사, 인천도시공사 등 자신이 거주하는 지역 지방공사의 홈페이지에 자주 방문해서 임대주택공급 계획과 분양 일정을 확인하고 입주자모집공고문도 한 번씩 훑어보는 습관을 들이는 게 좋다. 평소에 관심을 많이 갖고 지내면 그만큼 좋은 기회를 발견하게 될 가능성이 높아질 것이다. 그리고 적당한 임대주택이 공급될 때마다 당첨자로 선정될 때까지 반복해서 청약신청을 하는 노력이 필요하다. 또한 일반 분양주택처럼 임대주택도 대부분 청약신청을 하려면 청약통장에 가입해야 하는데 아직 청약통장을 갖고 있지 않다면 오늘이라도 당장 주택청약종합저축에 가입해야 한다.

공급유형별 공공기관 임대주택의 종류(한국토지주택공사)

(기준: 2014년)

주택구분	용어설명
국민임대주택	무주택 저소득층의 주거안정을 위해 국가재정과 국민주택기금을 지원받아 국가 · 지방자치단체 · 한국토지주택공사 또는 지방공사가 건설 · 공급하는 주택으로 저렴한 임대료(시세의 50~80% 수준)로 장기간(30년) 임대하며, 분양전환되지 않음
공공임대주택 (5년/10년/분납/50년)	① 5년(10년) 공공임대주택: 5년(10년)의 임대기간 종료 후 주변의 시세보다 저렴한 가격으로 입주자에게 우선 분양전환 ② 분납임대주택: 입주자가 입주 시까지 집값의 일부만을 초기지분금(30%)으로 납부하고 임대기간(10년) 동안 단계적으로 잔여지분금을 모두 납부하고 분양전환 ③ 50년 공공임대주택: 영구임대주택을 대체할 목적으로 기금 등을 지원받아 한국토지주택공사 또는 지자체가 건설 · 공급하는 임대주택으로 분양전환되지 않음
영구임대주택	기초생활수급자, 국가유공자, 한부모가족 등 저소득층 주거안정을 위해 1989년 국내 최초로 시도된 사회복지적 성격의 임대주택으로, 정부의 재정보조를 받아 전용 $26.34\,m^2$~$42.68\,m^2$ 규모로 19만여 호(공사 14만여 호)가 건설되어 기초생활수급자 등과 같은 저소득층에게 저렴한 임대료(시세의 30% 수준)로 공급됨
장기전세주택	국가, 지방자치단체, 한국토지주택공사 또는 지방공사가 임대할 목적으로 건설 또는 매입하는 주택으로서 20년의 범위에서 전세계약의 방식으로 공급하는 임대주택
장기안심주택 (SH공사)	전세세입자가 입주를 원하는 주택 전세보증금의 30%(4500만 원 한도)를 서울특별시에서 지원하여, 최대 6년까지 전세보증금 인상 걱정을 덜고 거주할 수 있는 신개념의 공공임대주택
신축다세대 매입임대	공공주택의 입주물량 감소에 따른 전세난에 사전대응 하고자 민간이 신축하는 다세대 · 연립주택을 매입하여 장기(10년)전세형으로 공급하는 임대주택
다가구 매입임대	도심 내 최저소득층이 현 생활권에서 현재의 수입으로 거주할 수 있도록 기존의 다가구주택 등을 매입하여 저렴하게 임대
기존주택 전세임대	도심 내 최저소득계층이 현 생활권에서 현재의 수입으로 거주할 수 있도록 기존 주택에 대해 전세계약을 체결한 후 저소득층에게 저렴하게 재임대
신혼부부 전세임대	도심 저소득계층 신혼부부가 현 생활권에서 안정적으로 거주할 수 있도록 기존 주택을 전세계약 체결해 저렴하게 재임대
행복주택	유휴 철도용지를 활용해 그 위에 주택을 짓고 신혼부부, 사회초년생, 대학생 등 사회적 활동이 왕성한 주거취약 계층에게 우선적으로 임대(공급계획, 청약신청 자격 등은 2014년 확정예정)

특히 결혼을 앞두고 있거나 신혼부부인 경우 신혼부부 특별공급에 많은 관심을 갖고 임대주택에 입주 기회를 노려야 한다. 여기서 신혼부부란 혼인기간이 5년 이내이며 현재 임신 중이거나 출산하여 자녀가 있는 무주택세대주를 말하는데, 신혼부부는 대부분 청약저축 가입기간이 짧기 때문에 청약경쟁률이 미달되지 않는 한 일반공급에서 다른 신청자들과 경쟁해서 당첨될 확률이 매우 낮다. 하지만 신혼부부 특별공급은 조건이 비슷한 신혼부부끼리 경쟁을 하기 때문에 일반공급에 비해서는 유리한 편이다. 그리고 결혼 초기에 공공기관의 임대주택에 당첨된다면 주변의 시세보다 저렴한 임대료를 지불하면서 장기간 거주할 수 있기 때문에 내 집 마련에 필요한 자금을 저축하는 데 상당히 유리하다. 따라서 자신이 신혼부부 특별공급의 청약신청 자격이 되는지 확인하고, 자격이 된다면 임대주택의 공급계획과 입주자 모집 공고에 많은 관심을 갖고 입주 기회를 잡기 위해 노력할 필요가 있다.

6장

노후, 가늘고 길게 대비하라

우리는 정말
100세까지 살게 될까?

얼마 전 나는 본의 아니게 두 노인의 대화를 엿들을 기회가 있었다. 서울 강남의 한 커피전문점에서 약속이 있어서 자리를 잡고 앉았는데 바로 옆 자리에서 두 노인이 대화를 나누고 있었다. 한 노인은 80세가 족히 넘어 보였고 다른 한 노인은 상대적으로 젊어 보였다. 편의상 전자를 A, 후자를 B라고 하자. B는 A를 '회장님'이라고 불렀는데 아마 A는 빌딩과 토지 임대업을 하는 자산가고, B는 건축일을 하는 사업가였던 것 같다. 그런데 대화 도중 A가 언성을 높이며 B에게 "젊은 친구가 왜 이렇게 진실하지가 못해"라고 말했다. 그러자 B는 "회장님, 저도 환갑이 지난 사람입니다. 젊은 친구라니요? 말씀 함부로 하지 마세요"라고 대답했다. 그러자 A는 "젊은 친구가 그렇게 안 봤는데 못 쓰겠구먼"이라고 말하며 자리를 떠나버렸다. 나는 두 노인의 대화를 통해 고령사회의 일면을 볼 수 있었다. 60세가 넘은 B는 자신을 젊은 친구라고 부르며 꾸짖는 A의 말을 듣고 기분이 상당히 나빴겠지만, A의 눈에는 아들뻘 되는 B가 당연히 젊은 친구 정도로 보였을 것이다.

20여 년 전 내가 대학에 갓 입학했을 때 할머니가 환갑이 되셨는데 온 동네 사람들이 모여서 잔치를 했다. 그런데 요새는 가족끼리 모여서 간단히 식사만 하고 말지 옛날처럼 환갑이 됐다고 잔치를 하는 경우가 드물다. 60세가 된 노인은 이제 노인 대접을 받기가 어려운 세상이다. 그리고 60세가 된 노인도 자신을 스스로 노인이라고 생각하지 않는 경우가 많다. 하지만 우리 사회의 시스템은 여전히 60세 시대에 맞춰져 있다.

일례로 대부분의 직장인들은 한창 왕성하게 경제활동을 할 시기인 50대에 회사에서 퇴직을 당하며 40대에 퇴직을 당하는 경우도 흔하다. 내가 퇴직을 '한다'가 아니라 '당한다'라고 표현한 이유는 근래에 들어 정치권에서 직장인의 정년을 연장하느니 법으로 보장하느니 말하고 있지만 대다수의 직장인들은 정년과는 무관하게 때가 되면 회사로부터 퇴직 압박을 받게 되고 그것을 버텨내기가 어렵기 때문이다. 인간의 수명 100세 시대를 코앞에 두고 있지만 경제적인 수명은 60세를 넘지 못하는 게 현실이다. 그래서 인간의 수명이 늘어나는 게 달갑지만은 않다.

영화였는지 드라마였는지 정확히 기억나지 않지만 몇 년 전에 나는 극 속의 주인공이 상대 배우에게 "너, 재수 없으면 100살까지 산다"라고 말했던 장면을 기억한다. 100살까지 살라는 축복을 해준 게 아니라 100살까지 살아서 고생하라는 악담을 한 것이다. 100살까지 사는 게 축복인지 아닌지는 겪어봐야 알겠지만 사람들은 대체로 축복이 아니라고 생각하는 것 같다. 2011년 한국보건사회연구원이 30~69세 남녀 1000명을 대상으로 조사한 바에 따르면 100세 시대가 축복이라고 응답한 사람은 29%에 불과했다. 10명 중 7명 이상이 100세까지 사는 것에 대해 긍정적으로 생각하지 않는 것이다. 그 이유로 노년기가 너무 길기 때문이라는 응답이 가장 많았고 다음은 노인문제(빈곤, 질병, 소외, 고독감 등), 자식에게 부담이 될 것 같아서 등의 순이었다.

사실 나 역시 100세까지 사는 게 축복이라고 생각하지 않는다. 그렇게 생각하는 특별한 이유는 없다. 다만 100세가 된 내 모습을 상상하면 왠지 모르게 불안한 마음이 앞선다. 만약 아픈 데 없이 왕성하게 활동하면서 100세까지 살 수 있다면 나쁘지 않을 것이라고 생각하지만 현재로서는 한 80세까지 건강하게 살다가 조용히 세상을 떠날 수 있다면 그 이상 바랄 게 없다고 생각한다. 그런데 그게 내 뜻대로 될 수 없는 문제니 운명이 시키는 대로 사는 수밖에 없

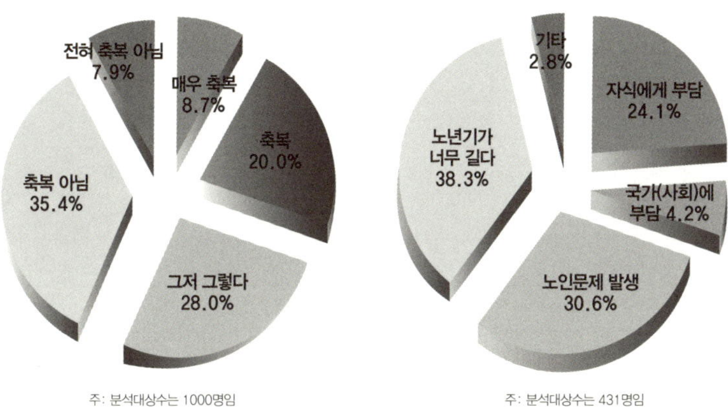

(자료출처: 한국보건사회연구원)

을 것이다. 그러면 당신과 내가 100세까지 살게 될 확률은 얼마나 될까? 도무지 알 수 없는 문제이지만 대략 추정이라도 해보자.

2011년 통계청에서 발표한 생명통계를 분석해보면 현재 30세인 남성 인구 100명 중 53명은 80세 이상 살게 될 것으로 예상되며, 그중 16명은 90세 이상 살게 될 것으로 예상된다. 따라서 30세 남성이 80세 이상 살게 될 확률은 53%이고 90세 이상 살게 될 확률은 16%이다. 그리고 현재 30세인 여성 인구 100명 중 76명은 80세 이상 살게 될 것으로 예상되며, 그중 36명은 90세 이상 살게 될 것으로 예상된다. 따라서 30세 여성이 80세 이상 살게 될 확률은 76%이고 90세 이상 살게 될 확률은 36%이다. 그 외에 20~40대

구분	생존자(남)	생존자(여)
30세(현재 연령)	100명	100명
60세	91명	96명
70세	79명	91명
80세	53명	76명
90세	16명	36명
100세 이상	1명	4명

*통계청자료 분석

인구의 연령별 생존확률도 현재 30세인 인구의 그것과 비슷하다.

그리고 현재 30세인 인구가 100세 이상 살게 될 확률은 남성의 경우 1%이고 여성의 경우 4%이다. 따라서 다행이라고 해야 할지 불행이라고 해야 할지 모르겠지만 당신과 내가 100세까지 살게 될 확률은 극히 적다. 그런데 통계청의 생명통계는 통계 작성 시점의 연령별 사망률을 고려해 산출된 것이기 때문에 미래의 의료기술 발달 수준까지 고려하면 확률은 더 높아질 수 있다. 일례로 2010년 고려대학교 통계학과 박유성 교수의 연구팀이 통계청의 인구통계 자료에 의학발달 속도를 반영해서 새로운 기대수명을 계산한 결과, 30세인 남성 인구 100명 중 49명이 92세 이상 살게 될 것이며 30세인 여성 인구 100명 중 49명이 96세 이상 살게 될 것으로 전망한 바 있다. 즉, 남녀 모두 90세 이상 생존하게 될 확률이 50%

또는 그 이상이라는 뜻이다. 하지만 통계는 통계일 뿐이기 때문에 통계청의 조사나 학자들의 연구 결과가 얼마나 신빙성이 있는지 현재 시점에서 정확히 알 수 없다. 다만 어떤 측면에서 보더라도 당신과 내가 90세 이상 살게 될 확률은 매우 높은 게 사실이며 당신이 여성이라면 100세 가까이 살게 될 확률도 결코 낮지 않다. 따라서 우리 모두는 적어도 90세까지는 살 각오(?)를 해야 할 것이다.

100세 시대,
공포 마케팅은 없다

최근 우리 사회에서 '100세 시대'가 중요한 이슈로 떠오르면서 은행, 증권사, 보험사 등 모든 금융회사가 은퇴 마케팅에 열을 올리고 있다. 그리고 노후자금으로 5억 원이 필요하다거나 10억 원이 필요하다는 식의 주장을 한다. 또한 젊어서 노후자금을 열심히 준비하지 않으면 늙어서 폐지나 주우며 살게 될 수 있다며 겁을 주기도 한다. 실제로 우리나라 65세 이상 노인인구 2명 중 1명은 빈곤층으로 분류되는데 노인의 빈곤율과 자살률 모두 OECD 회원국 중 1위니까 사실상 세계 1위나 마찬가지다. 그런데 한편에서는 금융회사가 사람들의 불안감을 조장하는 공포 마케팅을 하고 있다며 비난하는 사람들이 있다. 노후에 금융회사가 주장하는 것처럼 그렇게 많은 돈이 필요하지 않다는 것이다.

나는 금융회사가 사람들의 불안감을 마케팅에 활용하는 것은 사실이지만 공포 마케팅을 하는 것은 아니라고 생각한다. 그동안 내가 금융업에서 오랫동안 일해왔기 때문에 금융회사를 변호하려는 게 아니다. 100세 시대의 도래는 기정사실이며 수명이 길어지는 만큼 노후생활비가 많이 필요한 것 역시 분명한 사실이다. 또한 나의 노후를 국가가 제공하는 복지에 의지할 수 있을 만큼 우리나라의 노후복지 제도가 훌륭한 수준이 아니기 때문에 지금 나의 경제적인 여건이 허락하는 범위 내에서 노후에 필요한 돈을 열심히 저축해야 한다고 생각한다. 그리고 늙어서 내 자식에게 경제적인 부담을 주지 않기 위해서라도 그렇게 해야 한다고 생각한다.

사실을 사실대로 말하는데 그것을 공포 마케팅이라고 비난하는 사람들을 나로서는 이해하기가 어렵다. 그들이 금융회사가 주장하는 것처럼 많은 노후자금이 필요하지 않다며 내세우는 논리를 찾아서 대강 정리해보니 이런 식이다. '노후에도 은퇴하지 않고 돈을 벌면 된다' '우리나라의 노후복지 수준이 다른 국가에 비해 나쁘지 않다' '국민연금과 건강보험이 있기 때문에 기본적인 생활비와 의료비는 보장된다' '노후에는 젊을 때보다 생활비가 적게 든다' '우리 사회에서 아직까지는 가족 간의 부조가 가능하다' 등. 비록 그들의 논리가 틀린 것은 아니지만 그것이 금융회사가 공포 마케팅을 하고 있다는 근거가 될 수는 없다. 나는 금융회사의 은퇴 마케팅을 공포 마케팅이라고 주장하는 그들이 자신의 노후를 위해 어떤 준비를 하고 있는지 참 궁금할 따름이다.

나는 지금까지 10년 이상 재무상담과 강연을 해오면서 노후에 끼니 걱정만 하지 않고 지낼 수 있다면 만족한다는 사람을 단 한 번도 만나본 적이 없다. 가능하면 넉넉한 노후를 보내고 싶어 하는 사람들이 대부분이었고, 노후생활비로 적어도 월 200만 원 이상 쓰기를 희망했다. 넉넉한 노후를 보내고 싶거나 월 200만 원 이상 생활비를 쓰고 싶다면 상당히 많은 노후자금이 필요하다. 노후에 생활비를 월 200만 원씩 쓰면서 10년만 살아도 현재의 물가를 기준으로 총 2억 4000만 원이 필요하며, 20년 이상 살게 되면 총 4억 8000만 원이 넘게 필요하다. 이것은 산수만 할 줄 알면 암산으로도 쉽게 계산해볼 수 있는 문제다.

월 200만 원 × 12개월 × 10년 = 2억 4000만 원

월 200만 원 × 12개월 × 20년 = 4억 8000만 원

지금까지 노후에 아무 일도 하지 않고 놀러만 다니고 싶다는 사람을 만나본 적도 없지만, 최소한의 생계비라도 벌어야 하니까 어쩔 수 없이 일을 하고 싶다는 사람을 만나본 적도 없다. 전부 노후

에 일을 하지 않더라도 최소한의 생계비 정도는 문제가 없기를 바랐다. 노후에 최소한의 생계비라도 걱정하지 않고 지내려면 역시 적지 않은 노후자금이 필요하다. 그렇기 때문에 경제적으로 고달픈 노후를 보내고 싶지 않다면 젊어서부터 최소한의 노후자금이라도 마련하기 위해 동전 한 닢이라도 열심히 저축해야 한다. 당신도 나도 방심하고 지내면 젊어서는 예상하지 못했던 힘겨운 노후를 보내게 될 가능성이 매우 높다.

노후 대비, 공포가 아닌 현실

5~6년 전 나의 아버지가 틀니를 맞추셨는데 치료비가 600만 원이었다. 그나마 치과의사가 아버지와 안면이 있다고 해서 치료비를 깎아준 것이다. 차라리 치아가 하나도 남아 있지 않았으면 반값 정도에 틀니를 맞출 수 있었는데, 쓸 만한 치아는 살리기 위해 부분적으로 틀니를 맞추니 치료비가 그렇게 많이 들었다. 더 절망스러운 사실은 틀니의 수명이 영구적이지 않기 때문에 언젠가 다시 새것으로 맞춰야 한다는 것이다. 틀니를 맞추기 전 아버지는 치과에서 치료비가 600만 원이라는 소리를 듣고 혼자서 몇 달 동안 끙끙 앓으셨다. 아버지는 600만 원이 아니라 60만 원도 지불하기가 어려

운 형편이었기 때문이다. 치아가 하나도 없으면 틀니 값이 더 싸다고 해서 생 이빨을 다 뽑을 생각까지 하셨다. 자식으로서 참 부끄러운 얘기지만 나는 그 사실을 모르고 지내다가 아버지가 고통을 더 이상 견디지 못하고 내게 전화를 하셔서 알게 됐다. 그래서 아버지를 당장 치과 병원에 모시고 가서 치료를 시작했고 틀니를 맞춰드렸다. 그런데 솔직히 말하면 치료비가 그 당시 나에게 상당한 부담이었다.

아버지는 그 외에도 만성질환을 앓고 계셔서 정기적으로 검진을 받고 남은 평생 동안 약을 드셔야 하는데 얼마 안 되는 비용이긴 하지만 그것 역시 내가 지불하고 있다. 아버지는 젊은 시절 이 세상의 어떤 아버지보다도 열심히 사신 분이다. 그럼에도 불구하고 생계 유지는 물론 몸이 아파도 병원에 한번 가기가 어려울 만큼 편치 않은 노후를 보내고 계시다. 그래도 다행스러운 점은 아들이 셋이나 있기 때문에 경제적인 보조를 받을 수 있다는 것이다.

사실 우리나라의 65세 이상 노인인구 중 절반이 빈곤층으로 분류되니까 노인 2명 중 1명은 우리 아버지와 비슷한 처지일 것이다. 아버지 세대가 젊었을 때만 해도 평균수명이 60세 정도에 불과했기 때문에 특별히 노후 준비가 필요하다는 생각을 하지 못했다. 보통의 사람들은 그냥 열심히 살다가 때가 되면 죽는 것으로 생각하며 살았을 것이다. 그런데 그들이 막상 노인이 되고 보니까 그동안

의료기술이 발달하고 위생 환경이 좋아져서 평균수명이 20년 이상 늘어났다. 60세, 늦어도 70세쯤에는 세상을 떠날 줄 알았는데 60세가 되니까 80세, 90세를 바라보며 살아야 하는 상황이 된 것이다. 게다가 준비된 노후자금은 없고, 일자리를 구하기는 어려우며, 일자리를 구해도 한 달에 100만 원을 벌기가 하늘의 별 따기처럼 어렵다.

뿐만 아니라 우리나라 인구의 건강수명은 평균수명과 10년 정도 차이가 난다. 건강수명이란 평균수명에서 질병과 장애로 인해 몸이나 정신이 아픈 기간을 뺀 나머지 기간을 뜻한다. 쉽게 말하면 우리나라 사람들은 사망하기 전에 평균 10년 정도 병치레를 하거나 장애를 겪는다는 뜻이다. 그래서 노후에는 의료비가 곧 생활비라는 말이 있을 만큼 가계의 지출에서 의료비가 차지하는 비율이 높다. 일도 건강해야 할 수 있는데 몸이 아프면 아무리 좋은 일자리가 있어도 그림의 떡일 뿐이다. 그리고 치료를 위해 병원에 다니려면 역시 돈이 있어야 한다.

나의 아버지 세대는 평균 3명 이상의 자식들을 키우면서 하루하루 먹고살기에 바빠서 노후 대비를 제대로 하지 못했는데, 그동안 인간의 수명은 급격히 늘어났다. 몸에 병이 들거나 장애가 생겨도 의료기술이 발달해서 일찍 죽지 않고 병들고 장애가 생긴 채로 오래 살게 된다. 그렇다고 국가의 노후복지 수준이 좋은 것도 아니다.

노후 대비를 제대로 하지 못한 나의 아버지 세대에게 이것이 얼마나 당황스럽고 난처한 상황이겠는가? 만약 당신과 내가 먼 훗날 그런 상황에 직면한다면, 또는 지금은 예상하기 어려운 다른 문제가 기다리고 있다면 그것이야말로 진짜 공포가 아닌가?

100세까지 마르지 않는
불로소득 시스템

소득의 종류는 직접 일을 해서 얻게 되는 노동소득과 보유 자산에서 얻게 되는 불로소득으로 구분할 수 있다. 보유 자산에서 얻게 되는 불로소득은 다시 두 종류로 구분할 수 있다. 하나는 임대소득, 이자소득, 배당소득 등 자산운용을 통해 얻게 되는 소득이고, 또 다른 하나는 자산을 분할하여 얻게 되는 소득이다. 예를 들어 현금 1억 원을 정기예금에 넣어두고 이자로 매년 500만 원을 받는다면 이는 자산운용을 통해 얻게 되는 소득이고, 같은 1억 원을 연금보험에 넣어두고 원금과 이자를 합해 매년 1000만 원을 연금으로 받는다면 이는 자산을 분할하여 얻게 되는 소득이다. 전자의 경우 원금에서 나오는 과실만 따먹는 개념이기 때문에 원금이 보존되는 반면에 후자의 경우에는 과실뿐만 아니라 원금에서도 인출이 발생하므로 원금은 언젠가 소진된다. 따라서 후자는 보유 자산을 생존기간 동안 조금씩 나누어서 쓰는 개념이기 때문에 엄밀히 말하면 소득을 얻는다기보다 소득효과를 얻는 것이라고 말할 수 있다.

중산층 이하 서민의 경우 젊어서는 노동소득이 주된 소득이고 불로소득은 전혀 없거나 있어도 보조적인 소득인 경우가 대부분이다. 하지만 나이 들어서는 불로소득이 주된 소득이 되고 노동소득은 보조적인 소득이 될 수 있는 여건을 만들어야 한다. 즉, 노후소득 중에서 노동소득의 의존도를 최대한 줄여야 한다는 뜻이다. 최근 국가인권위원회의 조사 결과에 따르면 65세 이상 노인 2명 중 1명은 하루 종일 일해도 한 달에 40만 원을 벌지 못할 만큼 노인의 임금 수준은 형편없다. 그나마 그렇게 적은 벌이라도 할 수 있는 일자리마저 찾기가 어렵다. 문제는 일하는 노인 대다수가 생계비를 해결하기 위해 일을 하고 있기 때문에 실직은 곧 생계비의 단절을 의미한다는 점이다. 젊어서의 실직은 새 출발을 위한 도약의 기회가 될 수 있지만 생계비를 해결하기 위해 일하는 노인이 실직을 하게 되면 그다음 생계 대책을 찾기가 매우 난감해진다.

나이 들어서 그런 문제를 겪고 싶지 않다면 기본적인 생활비 정도는 불로소득을 통해 해결할 수 있는 '불로소득 시스템'을 준비해야 한다. 그리고 노후를 위한 불로소득 시스템은 하루아침에 만들어질 수 있는 게 아니기 때문에 젊을 때 서둘러서 준비를 시작하는 게 바람직하다. 중산층 이하 서민의 노후자금 준비는 하루라도 빨리 시작하는 것 외에 뾰족한 방법이 없다. 따라서 아직 젊으니까 준비를 미루어도 된다는 생각을 하기보다는 젊기 때문에 서둘러서 시작해야 한다고 생각할 필요가 있다. 누구나 쉽게, 그리고 보편적으로 준비할 수 있는 노후의 불로소득 시스템은 '4층 연금'이다. '4층 연금'이란 국민연금을 기반으로 그 위에 퇴직연금, 개인연금, 주택연금 순으로 4층탑을 쌓듯이 불로소득 시스템을 만드는 것을 말한다.

국민연금은 소득이 있다면 누구나 의무적으로 가입해야 하고 연금을 받기 전에는 돈을 찾을 수 없기 때문에 소득활동을 멈추지 않는 한 선택의 여지없이 준비하게 된다. 퇴직연금은 직장인이라면 대부분 가입하게 되지만 노후에 생활비로 사용하지 않고 다른 목적에 미리 써버리는 경우가 흔하기 때문에 개인의 선택에 따라 준비 여부가 결정된다. 개인연금은 금융회사에서 가입하는 연금 상품을 말하는데, 국민연금처럼 의무가입이 아니고 회사에 다닌다고 저절로 가입되는 것도 아니기 때문에 처음부터 끝까지 개인의 선택에 따라 준비 여부가 결정된다. 그리고 주택연금은 노후에 한국주택금융공사에 집을 담보로 맡긴 뒤 대출금을 연금 형식으로 받는 대출상품이기 때문에 우선 내 집이 있어야 준비의 기회가 생긴다.

2014년 현재 국민연금은 매월 소득의 9%를 납입한다. 직장인은 그중 절반을 회사가 내주니까 실제로는 소득의 4.5%만 납입한다. 그리고 30세쯤 취업해서 60세까지 납입한다고 가정하면 65세부터 젊을 때 소득의 20% 이상을 연금으로 받게 될 것이다. 퇴직연금은 매월 또는 매년 소득의 8.3%를 납입한다. 직장인 자신이 내는 게 아니라 회사가 내준다. 그리고 20년 이상 납입하고 노후에 20년 이상 연금을 수령한다면 젊을 때 소득의 10% 이상을 연금으로 받게 될 것이다. 만약 퇴직연금을 10년 안에 전부 받기로 선택한다면 젊을 때 소득의 20% 이상도 받을 수 있다. 현재 회사가 소득의 8.3%를 근로자의 퇴직연금계좌에 납입해주지 않고 있다면 나중에 퇴직할 때 한꺼번에 퇴직금을 받는데, 그 퇴직금을 다른 목적에 쓰지 않고 노후생활비로 쓰기 위해 금융회사에서 판매하는 연금상품에 납입한다면 역시 퇴직연금과 비슷한 수준의 연금을 받게 될 것이다. 따라서 대충 따져봐도 노후에 국민연금과 퇴직연금을 합하면 젊을 때 소득의 30% 이상을 연금으로 받게 될 것이다.

하지만 당신이 그 정도의 불로소득에 만족할 수 있을지 모르겠다. 만약 만족하지 못한다면 국민연금, 퇴직연금 외에 개인연금을 따로 준비해야 한다. 개인연금이란 금융회사에서 판매하는 연금상품을 말하는데 그중에서도 특히 생존기간에 제한 없이 종신토록 연금을 수령할 수 있는 생명보험사의 연금보험을 우선적으로 준비할 필요가 있다. 생명보험사의 연금보험에 가입한 뒤 노후에 종신연금 수령 방식을 선택하면 당신이 정말 100세까지 살더라도, 아니 그보다 훨씬 더 오래 살더라도 연금이 바닥나지 않고 평생 동안 지급된다.

국민연금보험료는 회사가 절반을 내주고 퇴직연금 납입액은 회사가 전부 내준다. 따라서 사실상 국민연금과 퇴직연금에서 생기는 불로소득에 대한 당신의 기여도는 4분의 1에 불과하며 회사의 기여도가 4분의 3이다. 물론 국민연금보험료와 퇴직연금 납입액은 당신이 회사를 위해 노동한 것에 대한 대가의 일부이기 때문에 당신의 기여도가 전부라고 생각할 수도 있다. 하지만 당신의 소득에서 직접 기여하는 부분은 실제로 4분의 1에 불과하다. 반면에 개인연금에서 생기는 불로소득에 대해서는 회사가 기여하는 게 전혀 없다. 만약 당신이 근로자의 복리후생 차원에서 개인연금의 납입액을 일부 보조해주는 회사에서 근무하고 있다면 다른 많은 사람들에 비해 운이 좋다고 할 수 있다. 따라서 국민연금과 퇴직연금 외에 당신이 희망하는 만큼 불로소득을 추가로 더 얻으려면 정확히 그에 상응하는 노력을 스스로 하는 수밖에 없다.

만약 당신이 금융회사에서 판매하는 연금 상품에 가입해서 20

년 이상 매월 소득의 10%를 납입하고(물가 인상을 고려해 소득이 오르면 오르는 만큼 10%에 맞춰서 추가로 납입해야 한다) 20년 이상 연금을 수령한다면 젊을 때 소득의 10% 이상을 연금으로 받게 될 것이다. 따라서 국민연금, 퇴직연금과 합하면 젊을 때 소득의 40% 이상의 불로소득을 기대할 수 있다. 마찬가지로 당신이 연금상품에 매월 소득의 20%를 납입하면 젊을 때 소득의 20% 이상을 연금으로 받게 될 것이다. 그러면 국민연금, 퇴직연금과 합해 젊을 때 소득의 50% 이상의 불로소득을 기대할 수 있다. 만약 당신이 개인사업자나 프리랜서라면 퇴직연금이 없을 것이므로 그것을 제외하고 계산해야 한다.

'4층 연금' 중 국민연금, 퇴직연금, 개인연금 이렇게 3가지만 준비해도 기본적인 생활비 정도는 해결이 가능할 것이기에 노후에 대해 지나치게 걱정할 필요는 없다. 또한 노후자금을 충분히 준비하지 못했더라도 건강이 허락되는 한 노후에 적은 돈이라도 벌게 되면 부족한 노후자금을 벌충할 수 있다. 100세 시대에 60세 때 은퇴해서 소득활동을 전혀 하지 않고 지낸다는 것은 개인에게는 물론 사회적으로도 바람직한 일이 아니다.

사실 노후가 아무리 중차대한 문제라고 해도 현재의 삶보다 더 중요한 문제일 수는 없다. 우리는 젊어서 고생하다가 노후에 잘 먹고 잘 살려고 세상에 태어난 게 아니라 인생 전체를 행복하게 살기 위해 태어났다. 따라서 노후에 대해 지나치게 걱정하거나 노후 준비를 위해 허리띠를 너무 졸라매는 것도 바람직한 일은 아니다. 하지만 노후를 위한 최소한의 준비마저 소홀히 한다면 인생 말년에는 고달픈 삶을 살 수밖에 없을 것이다. 끝이 좋아야 모든 게 좋다는 말이 있듯이 노후까지 아직 시간이 많이 남아 있을 때 그 끝을 위한 준비를 시작하는 게 현명한 일이다.

지금 당신이 희망하는 노후의 불로소득은 얼마인가? 그것을 얻는 방법은 아주 간단하다. 연금상품에 가입한 뒤 당신이 노후에 돌려받기를 희망하는 만큼 현재 소득의 일부를 떼어서 매월 납입하면 된다. 하지만 너무 무리하면 안 된다. 살다 보면 결혼도 해야 하고, 내 집 마련도 해야 하고, 아이도 낳아야 하고, 자동차도 한 대 사야 하기 때문에 연금상품에 너무 무리해서 돈을 납입하다 보면 오랫동안 유지하기가 어렵다. 그리고 연금상품에 가입한 뒤 오랫동안 유지하지 못하면 금융수수료, 세금 등으로 인해 적지 않은 손해가 생긴다. 일단 연금상품에 가입하면 적어도 10년 이상 납입하고 죽을 때까지 유지하겠다는 생각을 갖고 시작해야 한다. 따라서 납입금액을 결정하는 데도 신중해야 한다. 하지만 적어도 현재 소득의 10% 이상 납입하는 것을 목표로 삼는 게 좋을 것이다. 그러면 퇴직연금과 주택연금을 제외하더라도 국민연금과 합해 젊을 때 소득의 30% 이상의 불로소득을 기대할 수 있을 것이다. 만약 당신이 국민연금도 없고 퇴직연금도 없는 전업주부라면 남편과 상의해서(또는 남편 모르게라도) 당신의 명의로 연금상품에 가입한 뒤 매월 10만 원씩이라도 꾸준히 납입하는 게 좋을 것이다. 수명이 남성보다 긴 여성의 노후대비는 남성보다 훨씬 더 중차대한 문제일 수 있다는 사실을 간과해서는 안 된다.

혹시 당신은 부동산에서 나오는 월세로 풍족하게 노후를 보내기를 꿈꾸고 있는가? 아니면 사업에 성공하거나 자산가가 돼서 노후에 떵떵거리면서 살기를 바라고 있는가? 만약 그렇다면 나는 당신의 그런 꿈이 꼭 이루어지기를 진심으로 바란다. 하지만 혹시라도 당신의 꿈이 이루어지지 않을 것에 대비해 최소한의 노후 준비는 따로 해두기 바란다. 세상일은 뜻대로 될 때보다 그렇지 않은 경우가 더 많은 것 같다. 당신의 노후를 진심으로 걱정해서 하는 말이다. 나는 당신이 지금 이 순간에도 그리고 먼 미래에도 행복하기를 진심으로 바란다.